중국 흑룡강성
조선족학교 교가와
그 연구

안병삼(安炳三)
bayusansan@hanmail.net

2007년 전남대학교 세계한상문화연구단에서 중국 지역을 담당하는 연구교수로 재직하면서 중국 조선족 문화 연구를 처음 시작하였다. 특히 "근 · 현대 한인디아스포라 지식자원 발굴과 DB 구축"(한국연구재단 지원) 프로젝트를 진행하면서 수차례 중국 조선족이 많이 거주하고 있는 동북 3성을 조사하였다. 이러한 현지조사를 토대로 그들의 삶과 역사, 교육, 사상 등을 연구하였다. 이를 통해 중국 조선족학교가 급격히 사라지면서 그동안 중국 조선족학교가 이룩한 한민족의 다양한 '학교문화'가 사라지고 있음을 알게 되었다. 그중 교가의 소실이 심각하다는 사실을 알고 보존의 필요성을 인식하였고, 이를 주제로 2010년부터 2013년까지 "중국 조선족학교의 교가 발굴과 그 연구"(한국연구재단 지원) 프로젝트를 진행하였다. 또 2014년부터 2017년까지는 '학교문화'로 연구 범위를 확대하여 교가뿐만 아니라 조선족학교가 지금까지 생산한 모든 '학교문화'를 발굴 · 수집하기 위해 "중국 조선족학교 '학교문화' 자원 발굴과 그 연구"(한국연구재단 지원)를 진행하였다. 2018년부터는 "중국 조선족학교 당안관 자원 발굴과 그 연구"(한국연구재단 지원)를 통해 조선족학교의 방대한 자료를 보관하고 있는 학교 당안관을 연구하고 있다. 이 연구를 통해 조선족학교의 다양한 기록들을 발굴하는 동시에 당안관의 관리시스템을 실증적으로 고찰하고 있다. 현재는 삼육대학교 교수로 재직 중이다.

중국 흑룡강성
조선족학교 교가와
그 연구

2019년 5월 10일 초판 인쇄
2019년 5월 15일 초판 발행

지은이 안병삼 | **펴낸이** 이찬규 | **펴낸곳** 북코리아
등록번호 제03-01240호 | **전화** 02-704-7840 | **팩스** 02-704-7848
이메일 sunhaksa@korea.com | **홈페이지** www.북코리아.kr
주소 13209 경기도 성남시 중원구 사기막골로 45번길 14 우림2차 A동 1007호
ISBN 978-89-6324-634-5 93020

값 20,000원

중국 흑룡강성 조선족학교 교가와 그 연구

안병삼 지음

북코리아

조선족학교가 집중 분포하는
중국 흑룡강성의 위치

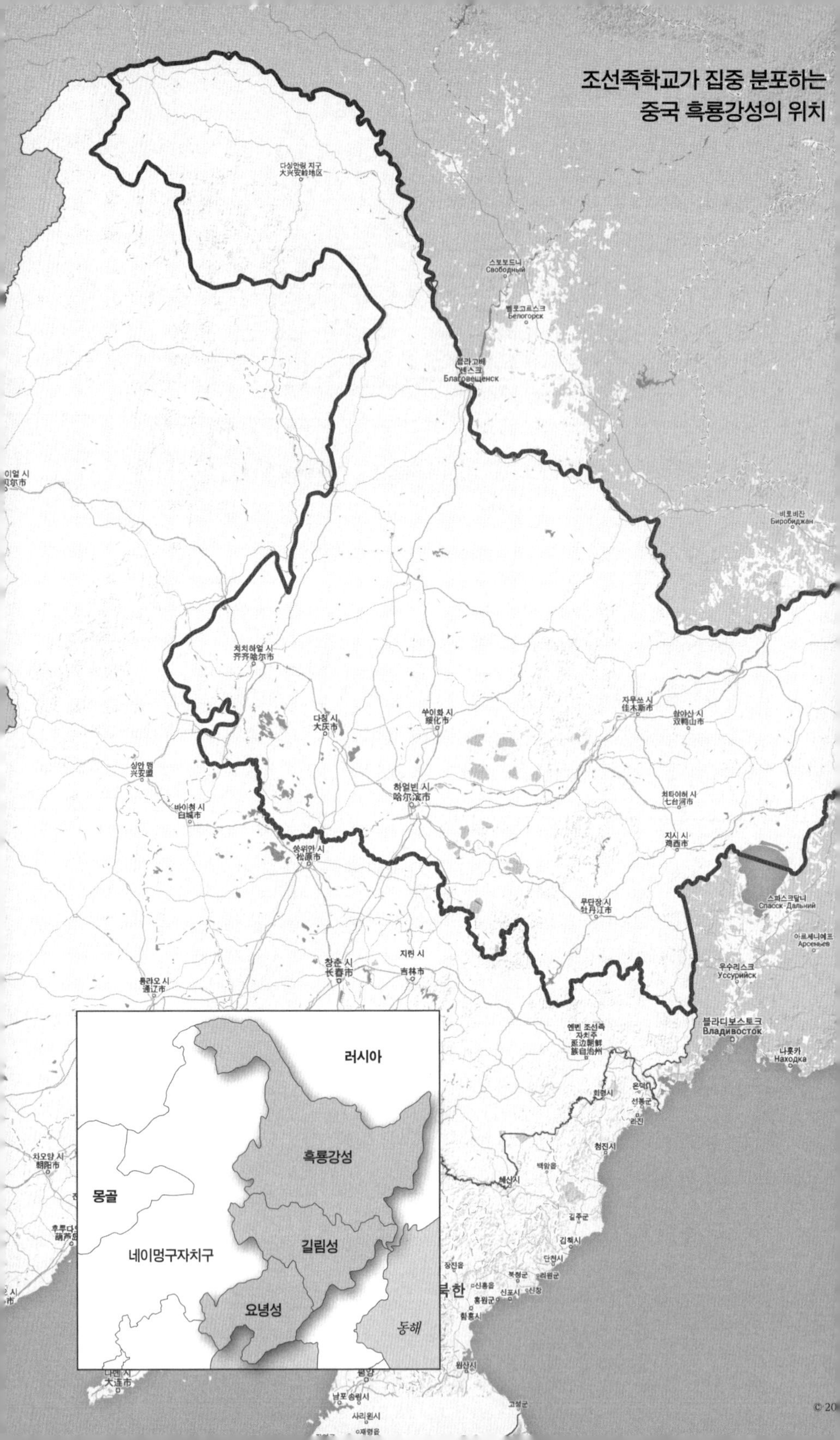

추천의 글

안병삼 교수의 중국 조선족학교 정신을 노래한 교가(校歌)에 대한 연구성과 출판을 진심으로 축하합니다.

이 책에 수록된 교가들은 중국 근대학교의 효시(嚆矢)로서의 서전서숙(瑞甸書塾) 교가로부터 오늘에 이르기까지의 학교 교가들이고 게다가 이미 폐교된 학교의 교가들까지도 모두 포함됩니다.

교가는 학교 정신을 성음예술의 형식으로 표현한 것으로서 조국과 민족에 대한 열애의 감정, 시대성과 미래지향성을 반영합니다. 교가는 학생들로 하여금 조국과 민족의 미래의 발전과 번영을 위해 배움터에서 열심히 공부하여 날 따라 향상하려는 사상감정을 키워주는 교양의 좋은 도경과 형식입니다.

교가는 학교 정신문화의 조성부문으로서 조선족학교의 미적인 교육사에 대한 연구뿐만 아니라 교육사상사 연구에도 학술적 가치와 현

주: 철자법은 중국조선족 규범(2007)에 따름.

실적 의의가 크다고 생각합니다.

안병삼 교수의 교가연구는 중국 조선족학교 교가 연구에서 처음으로 출간되는 전문저작으로서 교육학계에서 새 중국 이전의 교가에 대한 연구를 중시하고 건국 후 교가는 중시하지 않던 경향성을 개변시켜주었으며, 또한 이후 중국 조선족학교 교가 연구에 매우 큰 도움이 될 것입니다.

2015년 1월 27일

연변대학사범학원 조선족교육연구소 자료실에서

허청선 교수

서문

나의 연구생활에서 중국 조선족학교 교가를 수집하고 그것을 연구한 지난 몇 년간은 너무나 행복했다. 또한 이러한 연구를 할 수 있었던 것은 나에게는 참으로 행운이었다. 지금까지 그 누구도 중국 조선족이 세운 조선족학교의 교가에 대한 소중함을 인지하지 못한 상황에서 급격히 사라져가던 교가를 수집하고 그것을 연구한 것은 큰 보람이었다. 더위와 추위를 무릅쓰고 직접 중국 동북3성의 이곳저곳을 돌아다니며 조선족 교육의 뿌리를 찾아다니는 작업은 설레는 일이었다.

사실 조선족학교 교가에 대한 연구를 시작하게 된 것은 우연히 『중국 조선족 교육』이라는 잡지에서 교가를 발견하고 나서였다. 전남대학교 세계한상문화연구단에 근무하면서 “근현대 한인 디아스포라 지식자원 발굴과 DB구축” 사업에 참여해 중국 현지에서 조선족 교육에 관한 저술들을 조사하는 과정에서 하나같이 학교의 규모나 배운 교과목 등을 정리해놓은 것들이거나 졸업생들의 명단을 정리하는 등의 내용이 전부라는 사실을 발견하였다. 그 어디에도 교가나 교육이념, 그리고 교훈 등의 학교정신에 대한 내용을 기록한 교육 관련 저술이 없었다. '이 소중한 교가 등을 왜 빠뜨렸을까?' 하는 의문을 갖고 있는 상태에서 중국 현지 조사 중 『중국 조선족 교육』이라는 잡지에서 일정 기간 조선족학교 교가를 소개한 글을 발견하였던 것이다. 그래서 그 잡지에 수록된 교가를 시작으로 사라져가는 중국 조선족학교 교가를 빨리 수집하여 보존하는 것도 한민족의 문화를 후대에 전하는 소중한 작업이라고 생각하게 되었다.

이러한 생각을 더욱 굳히게 된 것은 중국 현지에서 조선족의 집거지가 사라지면서 그 속에서 역할을 하던 조선족학교가 급격하게 폐교되거나 합병되는 상황에서 그 누구도 교가를 보존하려는 노력을 하지 않는 현실을 직접 보고 난 뒤였다. 난 모두가 느끼는 조선족 교육의 위기감과 더불어 누구도 신경 쓰지 않는 교가 소실에 대한 나만의 위기감을 느꼈다. 지금도 과거 어떤 학교에서 무슨 내용의 교가를 학생들에게 부르게 하였는지 100% 알 길은 없다. 이런 상황에서 지금 교가를 수집하지 않는다면 영원히 조선족학교 교가는 미궁의 연구과제로 남을 것이다.

지금까지 그 누구도 하지 않았던 작업을 하는 신선함이 좋았다. 내가 하지 않으면 오늘 하루에도 사라질 수 있다는 사명감이 나를 움직였다. 그래서 한 곡 한 곡 교가를 수집하는 작업은 너무 행복했다.

이 책에 실린 교가들은 저자가 2010년부터 지금까지 중국 동북3성 중국 조선족학교를 방문하여 수집한 것들이다. 중국 현지에서의 교가 수집은 생각만큼 단순하지도 않았고 그리 쉽게 진행되지도 않았다. 현존하는 학교의 교가는 학교에 가면 쉽게 구할 줄 알았고 폐교된 학교의 교가는 퇴직교원이나 그 학교에 근무했던 교원을 찾으면 구할 수 있을 것이라 생각했다. 하지만 현실은 기대와 전혀 달랐다. 폐교된 학교의 교가를 구하기 위해 퇴직교원이나 그 학교 교원을 찾았지만 모르는 경우가 대부분이었고, 현존하는 학교의 교가를 구하기 위해 학교를 방문했지만 교가를 가지고 있는 교원들은 많지 않았다. 심지어는 왜 교가를 수집하는 거냐고 의심의 눈길을 보내며 협조하지 않는 경우도 있었다. 보통 여름 방학과 겨울 방학을 이용하여 중국 현지로 가서 수집하기 때문에 많은 경우 학교가 문을 닫아 아무도 없거나 당직하는 선생님들이 개학하면 다시 오라는 경우도 많았다. 방학 때는 교가를 담당하는 음악선생님이 한국에 가거나 출근하지 않는다는 이유였다. 이것은 교가에 대해서 일반 교원들, 심지어는 교장선생님마저 잘 모르고 있기 때문이다. 처음에는 도저히 이해가 가지 않았지만 그것이 엄연한 현실이었다. 간혹 교가를 만든 작곡가나 작사가를 찾아도 본인이 만들었지만 교가를 가지고 있지 않은 경우도 많았고 기억하지 못하는 경우도 허다하였다.

한 학교에 존재하는 교가의 수도 다양하였다. 교장이 바뀜에 따라 새로운 교가를 만들어 한 학교에 교가가 3개나 있는 경우도 있었다. 작사와 작곡 중 하나만을 바꾸어 사용한 경우도 있었고 완전히 다르게 창작한 경우도 있었다. 하지만 이러한 교가에 대해 자세한 기록을 가지고 있지 않아 당사자를 제외하고는 모르는 경우가 많았다. 그 결과 교가를 언제 누가 만들었는지에 대한 기본적인 기록조차도 가지고 있지 않은 경우가 대부분이었다. 최근에 교가를 만든 경우는 대부분 학교의 ** 주년 기념행사를 준비하면서 만드는 경우가 많았다.

교가는 예전에는 학교의 현관 게시판에 많이 전시하였지만 지금은 리모델링을 하면서 다 없애고 있었다. 그것은 교가를 부르지 않고 있기 때문이다. 학교의 생존이 불확실한 상황에서 교가를 부르는 것은 의미가 없다고 생각하였다. 또한 학생이 줄어드는 상황에서 학교 성적을 올려 학교 선전을 하여야 하는 상황에서 교가 교육은 당연히 뒷전이었다. 예전에 월요일이나 종례시간, 음악시간 등에 자주 부르던 교가는 현재 거의 부르지 않고 있다. 월요일 전체 조례시간에는 국가를 부르고 있고 음악시간에도 많이 부르지 않고 있다. 다만 ＊＊ 주년 행사나 학교 행사에서 간혹 부르고 있는 정도이다.

책의 구성은 제1장에서는 중국 흑룡강성 조선족학교 교가에 대해 분석하였다. 이 부분에서는 흑룡강성 조선족학교에 대한 개황과 더불어 조선족학교 교가의 작곡가와 작사가 현황, 교가의 형식과 내용을 분석하였다. 동시에 교가 가사 내용에 대한 다양한 분석을 진행하였다. 제2장에서는 중국 조선족학교 교가가 조선족 정체성 유지를 위해 민족의 동질성, 즉 모국과의 동일시를 추구하여 한민족 공동체의식을 고취시켰다는 사실을 고찰하였다. 제3장에서는 중국 조선족학교 교가 교육에 관해서 고찰하였다. 조선족학교가 급격히 사라지는 현실에서 조선족학교의 교가 교육에 대한 실상을 알아보고 교가 교육이 학생들에게 어떠한 영향을 주었는지 알아보았다. 제4장에서는 교가와 더불어 '학교문화'를 대표하는 중국 조선족학교의 '교표(校標)'에 대해 연구하였다. 교표는 학교를 상징하는 무늬를 새긴 휘장이다. 이에 조선족학교는 학교의 메시지를 교표의 모양과 색깔을 통해 압축적으로 표현하였다. 제5장에서는 연구자가 수집한 흑룡강성 조선족학교 교가를 실었다. 먼저 지역별로 교가를 나눠 하얼빈지구, 목단강지구, 계서지구, 학강지구, 치치하얼지구 등으로 구분하여 실었다. 그리고 그 속에서 유치원 · 소학교(초등학교), 중학교(중학교, 고등학교), 대학교 등을 구분하였다. 한 학교에 교가가 여러 개인 경우는 현재 사용하는 것을 '(현)'이라고 표시하였고 나머지는 '(구)'라고 표시하였다.

교가의 출처를 교가마다 밝혔다. 그것은 교가의 출처마다 약간의 차이가 있을 수 있기 때문이다. 다만 교가의 창작시기를 알 수 없는 것은 아쉬운 대목이다. 작사가와 작곡가는 수집한 그대로 적었다. 교가에 나타난 모든 한글은 우리 식으로 수정하지 않고 중국 현지에서 수집한 그대로 표시하였다. 제6장에서는 중국 동북3성 조선족학교 교표를 실었다. 조선족학교 교가보다 더욱 빠르게 사라져가는 교표에 대한 수집 및 그 연구가 시급한 과제하고 생각하였기 때문이다.

앞으로도 중국 조선족학교 교가에 대한 수집과 그 연구는 계속될 것이다. 이에 혹 여기에 실린 흑룡강성 조선족학교 교가가 원본과 다른 부분을 발견한 경우 저자에게 연락을 해주신다면 매우 감사하겠다.

많은 분들이 교가를 수집하는 데 도움을 주셨다. 이 기회를 빌려 깊은 감사의 말씀을 드린다. 특히, 1년에 두 차례 여름방학과 겨울방학에 긴 시간 동안 중국 현지조사를 갈 수 있도록 도와준 아내에게 고마움을 표하고 싶다. 또한 내가 연구를 수행함에 있어 교가를 컴퓨터에 입력하는 등 여러 어려운 작업을 묵묵히 도와준 연구보조원 김선애 양에게 감사의 마음을 전하고 싶다. 마지막으로 이 연구에 대한 지지를 보내주시고 출판을 해주신 북코리아 출판사 이찬규 사장님에게도 감사드린다.

2019년 3월

삼육대학교 바위실에서

안병삼

차례

II 중국 조선족학교 교가에 나타난 한민족 공동체의식

III 중국 조선족학교 교가 교육에 관한 고찰

IV 중국 조선족학교의 '교표(校標)문화' 연구

V 흑룡강성 조선족학교 교가

2. 목단당지구

3. 계서지구

4. 칠대하지구

5. 가목사지구

I

중국 흑룡강성
조선족학교 교가의
분석

1. 머리말

본 연구는 최근 중국 조선족 집거지의 붕괴로 그것을 기반으로 설립되었던 조선족학교의 폐교가 빠르게 진행되면서 조선족 교육의 위기에 대한 우려의 목소리가 높아지는 과정에서 시작되었다. 특히 이러한 조선족학교의 폐교 과정에서 사라져가는 수많은 학교의 교가들을 보면서 교가(校歌)에 대한 수집, 보존 그리고 그 연구가 하루빨리 이루어져야 한다는 필요성을 깨닫게 되었다. 그것은 중국 조선족학교 교가가 단순히 학교의 노래라는 의미를 넘어 지난 100여 년간 당시의 시대적 요구에 맞는 인재를 양성하기 위해 교가에 한민족이 지녀야 할 시대적 정신과 교육적 이념 등을 불어넣어 부르게 하였기 때문이다.

주지하다시피 일본이 한반도 및 중국 동북지역을 강점하였을 때에는 조선족학교의 교가를 통해 학생들에게 독립의 신념을 심어주고자 반일 및 독립정신 그리고 민족해방 교육을 노래하였고, 중화인민공화국이 성립한 이후에는 타국에서 사는 소수민족으로서 중국 공산당을 찬양함과 동시에 한민족의 문화 선양과 자부심을 노래하였다.[1] 이렇듯 조선족학교 교가는 학교의 각종 행사 등에서 부르는 학교의 노래로 학교의 교육 이념은 물론 당시 사회적 · 시대적 상황을 알 수 있는 가장 중요한 지표 중 하나이다.

---

1 안병삼, 「중국 조선족학교 교가의 가사 연구」, 『한국학연구』 제39집, 2011b년, 303쪽 참조.

지난 20여 년간 중국 조선족학교는 60%의 폐교율을 보이고 있으며 조선족이 집중 거주하고 있는 동북3성 중 흑룡강성의 경우는 2007년 현재 80% 이상의 폐교율을 보이고 있다.[2] 학교의 폐교와 함께 수많은 교가들도 조용히 사라져가고 있다. 이에 본 연구에서는 중국 흑룡강성 조선족학교의 교가를 대상으로 연구를 진행하고자 한다.

흑룡강성은 중국의 동북부지역에 위치하고 있으며, 중국 내에서 위도가 제일 높고, 제일 북쪽에 위치한 성(省)이다. 북쪽으로는 러시아와 국경을 마주하고 있으며, 남쪽과 서쪽으로는 길림성과 내몽고자치구를 접하고 있다. 면적은 453,900km^{2}로서 중국 총면적의 4.7%를 차지하며, 이 지역에 살고 있는 조선족은 2000년 중국 정부의 제5차 인구조사에 따르면 241,052명이다.[3]

흑룡강성의 조선족은 19세기 중엽부터 한반도에서 직접 이주해오거나 혹은 연변, 요녕, 길림, 소련 연해주 등지를 거쳐 흑룡강성으로 이주하여 벼농사를 지을 수 있는 목단강, 송화강, 목릉하, 해란하, 흑룡강 등 60여 개의 크고 작은 강기슭 지역을 중심으로 생활의 터를 잡고 살기 시작하였다.[4] 특히, 흑룡강성의 중심지인 하얼빈으로의 이주

---

2 문정매, 「중국 조선족학교 통 · 폐합의 원인분석: 흑룡강성 조선족학교를 중심으로」, 서울대학교 석사학위논문, 2007년.

3 허청선 외, 『중국조선민족교육사료집 4』(하), 연변교육출판사, 2004년, 968-969쪽 참조.

4 이 당시 조선족의 한반도에서의 이주는 주로 경제적인 원인이 작용한 '노동형' 이주이다. 당시 조선인들은 연이은 흉년과 정부의 착취를 피해 압록강과 두만강을 건넜고 그 일부가 흑룡강성까지 들어왔던 것이다. 그러나 이후 일제의 탄압을 피해 중국 동북지역으로 이주한 사람들은 '박해 · 도피형' 이주자들이다. 디아스포라에 대한 개념과 유형의 분류는 학자마다 다르다. 1997년 '전 지구적 디아스포라'를 개념화한 로빈 코헨(Robin Cohen)은 디아스포라의 유형을 본국을 떠나게 된 동기에 따라 박해 · 도피형(victim or refugee), 제국 · 식민형(imperial or colonial), 노동형(labor or service), 상업형(trade or commerce), 그리고 문화적 디아스포라(cultural diaspora)로 구분하였다. 임채완 · 전형권, 『재외한인과 글로벌 네트워크』, 도서출판 한울, 2006년, 35쪽 재인용.

는 1898년 중동철로 부설이 시작되면서 조선족들이 연속적으로 신흥 도시 하얼빈으로 몰려들었다.[5] 그 후 20세기 초에는 일본의 한반도 강점과 맞물려 일본의 약탈을 피해 수많은 가난한 농민들은 정든 고향을 버리고 무리를 지어 동북으로 이주해왔다. 1919년 이전에는 하얼빈지구의 조선족이 380명밖에 되지 않았지만 1919년 한 해에 722명으로 늘어났다. 그 뒤로는 더욱더 빠르게 증가하여 1923년에는 중동철로 연선 각지에는 2,963세대의 11,201명의 조선족이 살고 있었으며 1930년에는 44,463명으로 늘어났다.[6] 이 시기 흑룡강성에 세워진 학교는 서당이었는데 통계에 의하면 1919년 흑룡강 경내에는 20여 개의 조선족서당이 있었으며, 1931년에는 그 숫자가 증가하여 40여 개소나 되었다고 한다.[7] 중국 국적을 가진 조선족 역시 점차 증가하였는데 흑룡강성에는 5,000여 명이 있었다.[8]

이렇듯 예부터 부지런하고 남달리 교육을 중시해온 조선족은 중국 땅으로 이주한 후 마을마다 서당을 세워 자식들의 교육에 힘썼다.[9] 이

---

5 하얼빈조선족예술관 건물의 〈할빈 조선족발전사〉 전시물 내용 참조. 또한 이 전시관 내용 중에는 하얼빈시에 첫발을 디딘 조선인을 다음과 같이 설명하고 있다. "1898년 3월, 러시아에서 동청철도를 부설하기 위하여 파견한 50여 명의 선발대가 그해 4월 24일에 할빈 향방에 있는 전씨술공장에 도착하였다. 그중에 러시아적 조선인 번역이 한 사람 있었는데 이름은 추프로브였다. 문자기재에 의하면 그가 할빈 땅에 첫 번째로 발을 디딘 조선인이다." 러시아 통역관인 추프로브의 조선인 이름이 무엇인지 어떻게 통역관이 되어 하얼빈에 왔는지는 아무런 기록이 없다. 또한 하얼빈에 정착했는지 아니면 좀 살다가 다시 러시아로 갔는지도 알 수가 없다. 서명훈, 『할빈시조선민족백년사화』, 민족출판사, 2007년, 5쪽 참조.

6 최범수 외 편, 『흑룡강성조선족교육사』, 동북조선민족교육출판사, 1993년, 3-4쪽 참조.

7 위의 책, 13쪽 참조.

8 하얼빈시의 〈할빈 조선족발전사〉의 전시물에는 조선인 중국 국적 취득 상황을 다음과 같이 기록하고 있다. "1929년 2월 25일 중화민국 정부는 《국적법》을 공포하여 동북의 조선인들을 강박으로 중국적에 입적하게 하였으며 입적하지 않으면 추방하였다. 1929년 조선인 중국입적 정황 통계표에 따르면, 요녕성의 총인구 50만 명 중 조선인 입적 수는 1만 명, 길림성의 총인구 70만 명 중 조선인 입적 수는 10만 명이었다."

9 이렇게 조선족이 이주 초기부터 단일공동체를 형성하여 거주한 결과 조선족은 독자적인 학교

때부터 흑룡강성 조선족교육은 약 100여 년간 끊임없이 발전하여 지금의 모습을 갖추게 되었다. 초기의 구식 서당은 조선의 그대로였는데 당시에 있어서 조선족 어린이들에게 한문과 유교의 도덕을 전수하는 유일한 민간 초등교육기관이었다. 20세기 초에 이르러 이런 구식 서당은 조선의 애국적인 문화운동과 동북의 민족사립학교 창설운동의 영향 아래 점차 근대적인 학교로 발전하였다. 이렇게 발전한 흑룡강성 조선족교육으로 조선족학교가 500여 개교가 넘는 시기도 있었다. 하지만 현재 흑룡강성 조선족학교는 50여 개교도 남지 않았다. 동시에 수많은 교가 역시 조선족학교의 폐교와 함께 소실되어 지금은 어디에서도 찾을 수 없게 되었다.

최근의 조선족학교의 폐교 및 통합 현상은 많았던 조선족학교의 수가 감소한다거나 교가의 소실이라는 단순한 문제가 아니다. 이는 중국 내 조선족의 민족교육에 대한 위기이며, 이 민족교육의 위기는 조선족 자신의 민족성 약화로 이어져 한족으로의 동화현상으로 나타나 장차 우리 민족 고유의 민족성 유지와 발전에도 큰 장애가 되는 심각한 문제이다.[10] 그럼에도 불구하고 한국에서나 중국에서 조선족학교의 교가에 대한 연구는 전무한 상황이다. 지금까지 이루어지고 있는 조선족학교 관련 연구는 주로 조선족교육의 상황을 분석한 뒤 현안

를 세우고 자녀들을 교육하게 되었다. 조선족은 거주지역에서 촌마다 소학교를 세웠고, 구마다 중학교를 세워 자식들에게 민족의 언어와 역사와 전통을 가르쳤다. 이것이 조선족이 단일 민족학교 운영형태를 취하게 된 객관적인 요인이 되었으며 오늘날 조선족교육의 중요한 특징 중 하나이다. 채휘균, 「조선족 교육의 형성과정과 현안문제 고찰」, 『교육철학』 제29집, 2006년, 188쪽 참조.

10 한민족이 이주 초기부터 공동체를 형성하고 교육기관을 세워 자녀들을 교육하였는데, 그들이 어려운 상황 속에서 무엇보다 교육에 관심을 가지고 교육기관의 설립에 힘썼다는 사실은 이주민족이 타국 땅에서 삶의 조건을 개선시키고 민족의 정체성을 확보하기 위한 노력의 일환이었다. 위의 논문, 180쪽 참조.

문제를 제기하거나 또는 조선족학교에서 배우는 교육과정, 교과서 분석 등으로 매우 제한적인 연구가 이루어지고 있었다. 하지만 국가가 어려운 시기에 어쩔 수 없이 생존을 위해 한반도를 떠나 살아온 조선족들이 중국에서 어렵게 살면서도 그들의 삶 속에서 추구하였던 교육적 이념과 민족 정체성을 조선족학교의 교가가 고스란히 지니고 있다는 점에서 그 연구 가치는 충분하다고 할 수 있다. 또한 해외에 흩어져 살고 있는 한민족의 문화를 연구한다는 것은 한국학 연구 영역의 확대라는 측면에서도 그 의미가 크다고 할 수 있을 것이다.

2. 흑룡강성 조선족학교 개황과 연구대상 교가

1) 조선족학교 개황

흑룡강성의 조선족은 제일 먼저 목단강지구의 녕안현에 자리를 잡고 살기 시작하였다. 당시의 녕안현은 지금의 목단강시, 해림시, 림구현, 동녕현 등을 포함하는 지역이다. 여기에 자리 잡은 조선족들은 1908년 이곳에 흑룡강성 최초의 조선족 근대학교 고안촌초등소학당을 세웠다.

당시 오사구(烏蛇溝)의 한인고안촌(韓人高安村)에는 마을 사람들이 힘을 합쳐 꾸린 사숙이 있었는데, 전직 훈장이 따로 없이 몇몇 노인들이 아이들에게 『천자문』이나 『4자편』 같은 것을 가르쳐주었다. 그 후 이 마을의 조선족들은 촌장 안종호의 제의에 따라 중국 국적을 신청 · 취득한 후 정부의 승인을 거쳐 사숙을 개량하여 고안촌에 근대적인 학교인 고안촌초등소학당을 건립하였다. 이 학교는 흑룡강성 최초의 근대적인 조선족 초등교육기관으로서 당시의 청(清) 정부에 등록되었을 뿐만 아니라 清 정부의 지지와 경제적 원조를 받은 정식 학당이었다. 따라서 이 학교에서는 청나라 정부에서 제정한 계묘(癸卯)학제를 따랐으며 초등학당의 수업 연한은 5년이었고 고등학당의 수업 연한은 4년이었다.

이를 계기로 흑룡강성에는 근대적인 학교들이 많이 나타나기 시작하였는데 독립운동가들이 세운 한민(韓民)학교와 하얼빈시 조선족 주민들이 주도적으로 세운 동흥(東興)학교가 그 대표적인 학교이다.[11] 이들 학교는 모두 반일 또는 강한 민족성을 띤 민족사립학교로서 당시의 반일구국운동을 위해 반일투사 양성을 목적으로 하였다.[12] 이후 조선족학교는 꾸준히 증가하여 만주사변 전까지는 60여 개교까지 증가하였다가 1933년 상반기에는 24개교밖에 남지 않았으며 교원 52명, 학생 1,992명뿐이었다.

일제는 협조하지 않는 많은 조선족학교를 폐교시키는 한편 식민통치의 수요에 의하여 조선족학교들을 해마다 세우도록 하였는데 위만주국 문교부의 기록에 의하면, 1936년 흑룡강성 조선족보통학교의 수가 107개교였다.[13] 당시 흑룡강성에는 조선족중학교가 하나도 없었다. 이에 일부 조선족 학생들은 일본인이 세운 중학교나 한족중학교에 다녔다. 당시 일제는 동북지역의 사람들을 말 잘 듣는 노예로 길들이는 교육을 하기 위해 만주국을 세우자마자 각급 학교에서 『사서오경』을 가르치게 하였다. 그 교육취지는 '인의를 중히 여기며 다른 사람에게 겸손하게 양보하는 예의를 지키며 왕도주의를 발양하여 인의가 있는 사람과 친하며 이웃 국가들을 선량하게 대함으로써 공동 생존하고 공

11 최범수 외 편, 앞의 책, 1993년, 13-15쪽 참조.

12 이 시기 흑룡강성의 반일민족사립학교는 그 성질, 설립취지와 운영자에 따라 대체로 다음과 같이 네 가지 부류로 나눌 수 있다. 첫째, 독립운동 근거지와 신민부에서 설립하고 운영한 학교, 둘째, 공산주의자들에 의하여 설립되고 운영된 학교, 셋째, 조선인농장 혹은 평범한 조선족농민군중들이 꾸린 학교, 넷째, 종교단체에서 꾸린 학교 등이다. 위의 책, 19-27쪽 참조.

13 일제시기 흑룡강성 조선족이 다니는 학교는 이전의 한인학교 혹은 조선인학교 등의 명칭을 사용한 것과는 달리 보통학교라는 명칭을 주로 사용하기 시작하였다. 보통학교의 교과과정은 1학년부터 일본어와 조선어를 설치하였고 교육목적은 만조(滿朝)국민을 양성하는 동시에 일본황국 신민으로도 양성하는 이중성을 가지고 있었다. 이후 1937년 5월 2일 괴뢰 만주국이 신학제를 공포하고 1938년 1월부터 실시하였는데 신학제의 규정에 따라 학교 명칭 앞에 '국민'이란 두 자를 썼다. 문정매, 앞의 논문, 2007년, 10쪽 참조.

동 번영하게 하는 데 있다'고 하였다.[14]

일제가 폐망하기 전 조선족교육은 일제의 식민지 노예 교육정책으로 매우 힘들었지만 학생 수는 점차 늘어났다. 1945년 만주국 시기 흑룡강성 조선족중학교는 14개교였고 학생 수는 2,800명이었다. 소학교는 263개교였고 학생 수는 24,667명이었다. 그러나 이 시기 조선족 인구와 학령아동이 많이 증가하여 취학률은 오히려 이전보다 5% 떨어졌다.[15] 1949년 중화인민공화국이 성립될 당시 흑룡강성에는 20만 명의 인구가 있었는데 조선족소학교가 274개교로 학생 수는 각각 37,562명이었으며 그때 학령아동의 취학률은 90%였다. 또한 조선족 중학교는 13개교가 있었으며 학생 수는 3,300명이었고 그때 총인구에서 중학생이 차지하는 비율은 약 1.6%였다.[16]

1951년 9월 중화인민공화국 교육부가 제1차 전국민족교육회의에서 소수민족교육의 방침과 임무를 제정함에 따라 민간이 운영하던 조선족이 다니던 학교들이 국가 관리에 들어가게 되었고, 편입된 학교들은 그동안 사용되었던 '고려' 혹은 '조선인민' 등의 용어를 버리고 모두 '조선족학교'로 이름을 바꾸었다. 중화인민공화국이 성립된 후 50년대부터 흑룡강성 조선족교육은 본격적으로 공산당의 교육방침과 정책을 따르기 시작하였으며 일정한 규모를 갖춘 교육체계를 이루어 사범교육, 중소학교 교육망을 형성하였고, 문맹퇴치를 중심 내용으로 한 성인교육과 아이들을 위한 유아교육도 크게 발전하게 되었다. 그 결과, 1957년 흑룡강성에 319개교의 조선족소학교는 1958년에 347개교로 늘어났고, 중학교 역시 1957년 6개교의 완전중학교와 10개교의

14 최범수 외 편, 앞의 책, 1993년, 52-55쪽 참조.

15 위의 책, 75-78쪽과 135쪽 참조.

16 위의 책, 135-137쪽 참조.

초급중학교에서 1958년에는 완전중학교가 10개교로 발전하였고 초급중학교는 5개교가 더 늘어났다. 반면에 중학교 교육이 급속하게 발전함에 따라 교원과 교실의 부족은 상대적으로 교육의 질이 떨어지는 현상으로 나타났다.[17] 유치원 교육 역시 많은 발전을 하였는데 1950년대 중기부터 정규화한 상설유치원이 만들어지기 시작하였다. 1956년에는 36개교의 유치원이 있었고, 1965년에는 64개교로 증가하였다.[18]

1960년대 흑룡강성 조선족 교육은 문화대혁명을 거치면서 많은 시련을 겪었다. 많은 도시의 선생님들이 농촌으로 쫓겨갔고, 도시의 학교들 역시 농촌으로 이전하였다. 1965년 통계에 의하면, 조선족소학교가 419개교로 증가하였고 조선족중학교도 34개교로 증가하였다. 재학생 역시 크게 증가하였는데 조선족소학교의 경우 54,111명, 조선족중학교는 10,873명이었다.

문화대혁명 이후부터 1990년대 초반까지 흑룡강성 조선족 교육은 최고의 발전을 누리게 된다. 인구에 있어서도 1982년 제3차 인구보편조사에 따르면, 흑룡강성 조선족 인구는 43만 7,644명으로 전국 조선족 인구의 24.8%를 차지하였다. 당시 흑룡강성의 조선족 인구는 82개의 시와 현에 분포되어 살았고 1983년부터는 10개의 조선족 자치향이 다시 회복되었고 7개의 자치향과 2개의 연합자치향을 새로 설치하였다.

교육에 있어서도 민족교육사업을 활발하게 벌였고 중국 정부도 민족적 특성을 존중하였다. 또한 1982년부터는 소학 6년, 초중 3년 고중 3년인 학제를 실시하였다.[19] 1977년 흑룡강성 조선족중학교는 182

17 위의 책, 170-171쪽 참조.

18 위의 책, 229쪽 참조.

19 위의 책, 283-316쪽 참조.

개교로 급격히 늘어났고 재학생은 27,703명이었다. 조선족소학교는 327개교로 다소 줄어들었고 재학생은 42,732명이었다.[20] 1988년 흑룡강성 조선족소학교는 모두 405개교이었으며, 재학생은 35,422명이었다. 조선족중학교의 경우는 모두 85개교이었으며 재학생은 20,748명이었다.[21] 1993년의 기록에 의하면, 흑룡강성 조선족소학교는 380개교였고, 그 재학생은 34,975명이었다. 조선족중학교는 68개교였고 그 재학생은 16,925명이었다.[22] 2006년에는 조선족학교의 통·폐합으로 흑룡강성에 존재하는 조선족학교는 모두 58개교였다.[23] 〈표 1.1〉은 흑룡강성 조선족학교 수의 변화를 나타낸 것이다.

〈표 1.1〉 흑룡강성 조선족학교 수의 변화[24]

학교	1949	1965	1977	1988	1993	2004	2012
초등학교	274	419	327	405	380	90	23
중학교 (중·고등학교)	13	34	182	85	68	34	16
통합 조선족학교	-	-	-	-	-	-	9
합계	287	453	509	490	448	124	48

20 위의 책, 295-296쪽 참조.

21 위의 책, 344-346쪽 참조.

22 최상록 외 편, 『중국 조선족교육의 현황과 전망』, 연변대학출판사, 1995년, 26쪽 참조.

23 羅正日, 「关于黑龙江省朝鲜族教育情况的调查」, 『黑龙江民族丛刊』 제95집 6호, 2006년, 99-105쪽 참조.

24 문정매, 앞의 논문, 2007년, 24쪽 참조. 2012년 통계는 필자가 직접 조사한 결과이다. 통합 조선족학교란 조선족유치원, 조선족소학교, 조선족중학교를 통합하여 운영하는 학교를 말한다. 학교가 명목상으로 존재하지만 학생이 없이 건물만 있는 학교는 제외하였다. 예를 들어, 수화조선족중학교, 경안현조선족중학교, 경안현평안진민족소학교 등이 있다.

2) 연구대상 교가

지난 100여 년간 중국 흑룡강성에 존재하였던 조선족학교의 수를 알아보았다. 기록을 통해 어느 정도의 흑룡강성에 세워졌던 조선족학교의 수로 미루어 짐작한다면 조선족학교의 교가 역시 조선족학교의 수에 비례해야 하겠지만 현실은 그러하지 않다. 이는 정확한 기록이 없기 때문이다. 필자는 2011년 5월 1일부터 2012년 4월 30일까지 흑룡강성 조선족학교 교가를 수집하였다. 특히 여름방학과 겨울방학 때에는 직접 흑룡강성 각지의 조선족학교를 찾아다니면서 수집하였다. 그 결과 수집된 조선족학교 교가는 모두 47개교의 교가이다.[25]

〈표 1.2〉의 수집된 흑룡강성 조선족학교 교가를 지역별로 살펴보면, 하얼빈지구 조선족학교 교가 15개, 목단강지구 조선족학교 교가 14개, 계서지구 조선족학교 교가 7개, 칠대하지구 1개, 가목사지구 2개, 이춘지구 2개, 학강지구 1개, 수화지구 3개, 치치하얼지구 2개 등이었다. 이러한 결과는 하얼빈지구와 목단강지구에는 조선족의 중국 이

---

25 여기서 알아두어야 할 것이 있다. 조선족중학교가 주변의 조선족소학교를 통폐합하여 통합 조선족학교가 되는 경우, 교가 활용에 있어 세 가지 방법을 택한다. 첫째, 이전의 조선족중학교 교가를 계속 사용하는 방법이다. 예를 들면, 가목사시조선족중학교는 폐교되고 가목사조선족교육중심이라는 통합 조선족학교가 탄생했지만 교가는 이전 중학교의 교가를 사용하고 있다. 둘째, 원래의 조선족중학교 교가 가사에서 몇 구절만을 바꾸어 사용하는 방법이다. 예를 들면, 목릉시조선족중학교가 폐교되고 통합 조선족학교인 목릉시조선족학교가 탄생하여 이전 중학교 교가를 약간 수정하여 교가로 삼았다. 셋째, 새로운 교가를 만드는 것이다. 본 연구에서는 첫 번째의 경우 폐교된 조선족중학교 교가로만 인정하여 계산하였고, 두 번째 경우 조선족중학교 교가와 통합 조선족학교 교가를 모두 인정하여 계산하였다. 또한 47개교의 교가 중에는 판본이 서로 다른 두 종류 이상의 교가가 존재하는 조선족학교 4개교가 있었는데, 이에 해당하는 학교는 다음과 같다.

목단강시조선족소학교, 하얼빈시도리구조선족중심소학교, 목릉현원동소학교, 밀산시조선족중학교

〈표 1.2〉 연구대상 조선족학교 교가의 지역

학교 / 지역	유치원	초등 학교	중고등 학교	통합 조선족 학교	대학교	기타	합계
하얼빈지구	0	8	6	0	1	0	15
목단강지구	0	8	5	1	0	0	14
계서지구	0	1	2	3	0	1	7
칠대하지구	0	0	1	0	0	0	1
가목사지구	0	0	1	1	0	0	2
이춘지구	0	1	1	0	0	0	2
학강지구	0	0	0	1	0	0	1
수화지구	0	2	1	0	0	0	3
치치하얼지구	0	1	1	0	0	0	2
합계	0	21	18	6	1	1	47

주 초기부터 지금까지 흑룡강성에서 조선족이 가장 많이 살았던 것과 밀접한 관계가 있다고 할 수 있겠다. 또한 학교별로 살펴보면, 초등학교 교가가 21개로 가장 많았고 다음으로 중 · 고등학교 교가 18개, 통합 조선족학교 교가 6개, 대학교 교가 1개, 기타 교가 1개 등의 순서였다. 이러한 결과 역시 조선족학교의 개황에서 보았듯이 흑룡강성에 초등학교가 가장 많고, 다음으로 중 · 고등학교, 대학교의 순서라는 것과 밀접한 관계가 있다고 하겠다. 다만, 흑룡강성 조선족학교 교가 수집 과정에서 유치원의 교가를 수집하지 못한 것은 아쉬운 부분이다. 길림성과 요녕성에서는 적지만 조선족 유치원의 교가를 수집했던 것과 비교하면 더욱 그렇다.[26]

26 필자는 수많은 흑룡강성 조선족학교 유치원을 찾아가서 그곳의 선생님에게 유치원 교가의 유무를 물었다. 하지만 어느 유치원도 교가가 있다고 말한 곳이 없었다. 그 이유를 묻는 질문에 대다수 선생님들은 지금 아이들이 없어 유치원의 존폐문제가 심각한데 교가가 필요하냐는 것

〈표 1.3〉 연구대상 조선족학교 교가의 창작연대[27]

학교 \ 연대	1920	1930	1940	1950	1960	1970	1980	1990	2000	미확인	합계
유치원	0	0	0	0	0	0	0	0	0	0	0
초등학교	1	1	2	0	0	0	1	4	1	11	21
중고등학교	0	0	1	2	1	0	5	5	1	3	18
통합 조선족학교	0	0	0	0	0	0	1	2	2	1	6
대학교	0	0	0	0	0	0	1	0	0	0	1
기타	0	0	0	0	0	0	0	0	0	1	1
합계	1	1	3	2	1	0	8	11	4	16	47

수집된 흑룡강성 조선족학교 교가의 창작연대를 살펴보면, 〈표 1.3〉과 같다. 1990년대 창작된 교가가 11개로 창작연대가 확인된 교가 중 가장 많은 수를 차지하였고, 그 다음으로 1980년대 창작된 교가가 8개였다. 이 외에도 2000년대 창작된 교가 4개, 1940년대 창작된 교가 3개, 1950년대 창작된 교가 2개, 그리고 1920년대, 1930년대, 1960년대 창작된 교가가 각각 1개였다.

여기서 주의 깊게 보아야 할 사항은 1970년대에 창작된 교가가 하나도 없다는 사실과 미확인 교가가 16개로 가장 많은 수를 차지하고 있다는 사실이다. 1970년대에 창작된 교가가 없는 까닭은 중국에서 1966년부터 1976년까지 문화대혁명으로 인해 학교가 정상적으로 운영되지 못했기 때문이다. 이러한 상황에서 교가의 창작이 이루어지지

이었다.

27 이 표에서는 판본이 2개 이상 존재하는 학교의 교가를 하나로 계산하였다. 그 이유는 정확한 창작연대를 알 수 없기 때문이다. 이럴 경우에는 지금 사용하고 있는 교가를 판본의 대표 교가로 사용하였다.

못했을 것으로 판단된다. 또한 창작연대를 알 수 없는 교가가 16개로 가장 높은 비율을 차지한다. 이는 교가에 대한 기록이 남아 있지 않은 관계로 아는 사람이 없기 때문이다. 이로 인해 조선족학교 교가의 정확한 창작연도를 아는 것은 매우 힘들다.[28] 기록이 남아 있지 않은 경우에는 학교 선생님들의 증언을 통해 확인을 해야만 하는데 대부분이 정확한 기억을 못 하고 있고 다만 언제쯤이라는 식의 추정을 할 뿐이다. 심지어는 본인이 만든 교가조차도 정확한 창작시기를 기억하지 못하고 있었다.

수집된 조선족학교의 교가를 현존하는 학교와 이미 폐교된 학교로 나누어 살펴보면, 〈표 1.4〉와 같다. 현존하는 조선족학교의 교가는 29개이고 이미 폐교된 조선족학교의 교가는 18개이다.

현지에서의 교가 수집의 방법은 우선적으로 현존하는 조선족학교의 교가를 중심으로 수집하였고, 이미 폐교된 학교의 교가에 대해서도 집중적으로 퇴직 교원을 통해 수집하였다. 여기서 특이한 사실은 수집된 통합 조선족학교의 교가는 모두 현존하는 조선족학교라는 사실과 기타에 해당하는 것은 모두 폐교된 조선족학교라는 사실이다.[29] 이는 통합 조선족학교의 출현이 최근의 일이라는 것이다. 또한 기타에 속한 조선족학교가 모두 광복 이전의 학교라는 것이다. 그 밖에 초등학교,

28 교가의 창작연도를 정확하게 알 수 있는 경우는 교가를 만든 작곡가나 작사가가 자신의 작곡집 혹은 작사집을 편찬하는 경우이다. 이럴 경우 정확한 창작연도를 교가에 적어놓았다. 그러나 조선족학교의 교가 창작자 대부분이 학교에 근무하는 조선어문선생님이거나 음악선생님이라는 점에서 정확한 창작연도를 알 수 있는 경우는 많지 않았다.

29 실질적으로는 통합 조선족학교지만 명칭은 계속해서 이전의 * * 조선족중학교라고 사용하는 경우가 많다. 이것은 행정상의 편리 때문이다. 예를 들자면, 학교의 직인을 바꾸려면 행정 절차가 매우 복잡하다. 이에 많은 교장선생님은 이전의 학교 명칭을 사용하고 있었다. 이 외에도 많은 통합 조선족학교에서는 통합 전 중학교 교가를 계속해서 사용하였다. 가목사교육중심, 탕원현조선족중학교, 라북현조선족학교 등이 여기에 해당된다. 기타는 조선족의 이주 초기에 세워진 조선족학교이지만 정확한 명칭 구분이 없어 기타에 넣었다.

〈표 1.4〉 연구대상 조선족학교 교가의 현존 및 폐교

학교 / 존폐 여부	유치원	초등 학교	중고등 학교	통합 조선족학교	대학교	기타	합계
현존 조선족학교	0	11	12	6	0	0	29
폐교 조선족학교	0	10	6	0	1	1	18
합계	0	21	18	6	1	1	47

중 · 고등학교와 대학교의 수집상황은 현존하는 학교가 폐교된 학교의 수집 상황보다 약간 높게 나타났다. 이는 폐교된 학교의 수에 비하면 매우 적은 양으로, 폐교된 조선족학교의 교가 수집이 쉽지 않음을 보여준다.

종합하면, 지난 100여 년 동안 존재했던 흑룡강성 조선족학교의 수에 비해 교가 수집이 너무 적다라는 사실이다. 이것은 조선족학교의 교가가 학교 폐교와 함께 제대로 관리되지 않아 대부분이 소실되었기 때문이다. 그 결과 사라진 조선족학교의 교가를 수집하는 일은 점점 어려워지고 있다. 이는 조선족학교 교가에 대한 연구가 하루빨리 활발하게 이루어져야 하는 이유이기도 하다.

3. 흑룡강성 조선족학교 교가 분석

1) 작곡가 및 작사가

(1) 작곡가

연구대상 흑룡강성 조선족학교 47개교의 교가를 작곡한 사람은 미상을 제외하면 모두 43명이었다. 43명의 작곡가 중 가장 많은 흑룡강성 조선족학교 교가를 작곡한 사람은 심상문으로 모두 4개교의 교가를 작곡하였다. 그의 교가는 자신의 이름인 심상문으로 발표한 교가와 '전야'라는 필명으로 발표한 교가가 혼재되어 있었다.

1978년부터 흑룡강성 조선민족출판사 음악편집실에서 근무한 심상문(沈相文)은 1935년 경상북도 영덕군에서 출생하였고 중국 음악가협회 회원, 중국조선족음악연구회 이사, 중국조선족아동음악학회 부회장 등을 역임하였다. 1955년 7월 하얼빈시 사범학원 예술전과반을 졸업하고 목단강지구의 동녕현조선족중학교, 오상현제4중학교 등에서 음악교원을 하였다. 그는 목단강지구의 조선민족 과외음악 창작원을 양성하고 육성함에 많은 심혈을 기울였을 뿐만 아니라 좋은 작품을 많이 창작하였다. 그의 가요 작품들인 〈조국 변강 자랑스럽다〉, 〈따뜻한 집, 산 저쪽에〉, 〈봉선화 처녀〉, 〈산촌마을〉, 〈비둘기의 마음〉 등을

여러 곳에 발표하였다.[30]

그 다음으로 가장 많은 흑룡강성 조선족학교 교가를 작곡한 사람은 장희봉, 백호연으로 각각 2개교의 교가를 작곡하였다. 심상문과 장희봉, 백호연을 제외하고 연구대상 흑룡강성 조선족학교 교가를 작곡한 사람은 모두 1개교의 교가를 작곡하였다. 이러한 가운데 눈에 띄는 작곡가가 안국민이다. 그는 흑룡강에서 태어났지만 주로 연변에서 음악활동을 하면서 연변에 소재한 조선족학교 교가를 작곡하였다. 작곡가이며 지휘자인 안국민(安國敏)은 1931년 흑룡강성 밀산현에서 출생하였고 중국음악가협회 이사, 연변음악가협회 주석, 중국조선족음악연구회 명예회장 등을 지냈다. 1948년부터 1950년까지 흑룡강성 계동현 계림문공대의 음악지도원으로 있었다. 1961년부터 줄곧 연변가무단에서 지휘와 작곡에 종사하였다. 1956년부터 1957년까지 독일의 그스린지휘훈련반에서 교향악 지휘를 배웠다. 많은 가무종목을 지휘하여 중국 내외 각종 문예공연에 참가하였고 1급 지휘자가 되었다. 그 결과 여러 차례 길림성과 연변자치주의 우수지휘상을 수상하였다. 그는 〈연변목가〉[31], 〈어머니〉, 〈연변의 노래〉, 〈조국이여 아침인사 드립니다〉, 〈꽃피는 연길〉, 〈해저문 도문강〉 등 많은 대중가요 예술가요를 창작하여 중국 조선민족 대중음악 발전에 공헌하였을 뿐만 아니라 연변대학 교가와 연변제1중학교 교가 등의 창작에도 참여하여 교가의 수

30 한국예술종합학교 한국예술연구소, 『한국작곡가사전』, 시공사, 1999년, 267쪽; 김남호, 『중국조선족전통음악대중음악론』, 민속원, 2010년, 517쪽 참조.

31 이 곡은 안국민이 룡정에서 직접 방목을 체험하면서 완성하였다. 이 곡은 장춘문예콩쿠르에서 처음으로 불린 이후에 곧바로 중앙레코드사에서 레코드에 취입하였고, 전국 각지에 발행되었다. 1959년 10월, 북경에서 열린 국경10돌 헌례공연에서는 가수인 부인 김인숙이 열창하여 단번에 인기를 얻었고 조선족이 모두 즐겨듣는 음악이 되었다.

준을 높였다.[32] 〈표 1.5〉는 연구대상 흑룡강성 조선족학교 교가의 작곡가 현황이다.

〈표 1.5〉 연구대상 조선족학교 교가의 작곡가

작곡가	교가수	학교명	작곡가	교가수	학교명
리정일	1	녕안시조선족소학교	이운학	1	오상시조선족사범학교
장성만	1	녕안시조선족소학교	조영춘	1	벌리현조선족중학교
배석복	1	녕안시조선족중학교	림만호	1	벌리현조선족중학교
정학선	1	목단강시조선족소학교[33]	김종목	1	경안현조선족중학교
김인준	1	목단강시조선족중학교	윤담암	1	대종학원[34]
김태웅	1	하얼빈시조선족제1중학교	김종화	1	해림시신안진조선족소학교
백설봉	1	하얼빈시조선족제2중학교	한민수	1	수화시흥화조선족향소학교
고은숙	1	하얼빈시만방조선족중학교	리성길	1	가목사시조선족중학교
김은걸	1	하얼빈시도리구조선족중심소학교[35]	김동명	1	가목사시조선족중학교
김용수	1	하얼빈시동력구조선족소학교	한동광	1	수화시경안진평안진민족소학교
심상문[36]	4	상지시조선족중학교	김순옥	1	밀산시조선족소학교
		상지시상지진조선족소학교	리정수	1	밀산시조선족중학교[37]
		오상시조선족중학교	안국민	1	밀산시초급중학교
		동녕현조선족중학교	문경택	1	녕안시발해진조선족소학교

32 한국예술종합학교 한국예술연구소, 앞의 책, 199년, 269쪽; 김남호, 앞의 책, 2010년, 503-504쪽 참조.

33 이 학교의 교가는 서로 다른 3개를 수집하였다. 각각의 수집출처는 『중국조선족교육』1997년 1월호에 실린 것, 학교 홈페이지에 실린 것, 박명국 현 교장선생님에게서 직접 받은 것 등이다. 이 3개 교가는 가사의 일부가 약간 차이가 있었고, 박자(2/4), 길이(3절), 작사가와 작곡가가 모두 같았다.

34 이 교가는 『흑룡강조선족교육사』에서 수집한 것이다. 작사가와 작곡가는 윤담암이라고 책에서 설명하고 있지만 악보는 없고 가사 뒷부분이 없는 불완전한 교가이다.

백호연	2	송강성조선족제1중학교	강진수	1	탕원현조선족중학교
		오상현민락완전소학교	장희봉	2	철력시조선족중학교
황장현	1	목릉시조선족중학교[38]			철력시조선족소학교[39]
			서 광	1	오상현산하진숭의소학교
김기봉	1	계동현조선족중학교	리광무	1	목릉시공화조선족소학교
김춘일	1	계동현계림조선족중학교	심옥향	1	치치하얼시조선족소학교
리명재	1	계서시조선족중학교	리금화	1	치치하얼시조선족소학교
백운옥	1	오상시조선족실험소학교	김명주	1	치치하얼시조선족중학교
김 철	1	동녕현삼차구조선족중심소학교	미상	3	목단강시해림향산하조선족소학교 아성소학교 목릉현향양툰원동소학교[40]
김종률	1	해림시조선족중학교			
리천금	1	라북현조선족중학교			
리선화	1	라북현조선족중학교			
곽자평	1	오상시산하진홍덕조선족소학교			

35 이 학교의 교가는 서로 다른 2개를 수집하였다. 하나는 『중국조선족교육』1999년 3월호에 실린 것으로 여기에는 작곡가와 작사가가 기재되어 있지 않다. 다른 하나는 학교 1층 현관에서 직접 촬영한 것으로 작곡가와 작사가가 적혀 있었다. 이 2개 교가는 가사와 박자가 서로 완전히 다르다.

36 이 작곡가의 교가는 자신의 이름 심상문으로 발표한 교가와 전야라는 필명으로 발표한 교가가 혼재되어 있다.

37 이 학교의 교가는 서로 다른 2개가 있다. 하지만 단지 교가 제목의 유무와 가사 일부가 다를 뿐이고 작사가와 작곡가 등이 같았다.

38 목릉시조선족중학교 교가의 가사를 일부 바꾸어 사용한 목릉시조선족학교의 교가는 작사가와 작곡가가 같기 때문에 여기서 제외하였다.

39 이 학교의 경우 교가를 만들고 공표하지 않은 특이한 경우이다. 철력시조선족중학교 교가를 작곡한 장희봉은 철력시조선족소학교에 교가가 없다는 사실을 알고 혼자서 교가를 만들었다고 한다. 그러나 이 교가를 정식 교가로 채택하여 사용하지는 못했다고 한다. 이러한 사실은 필자가 학교를 방문하여 음악교원 장희봉에게 직접 들은 이야기이다.

40 이 학교의 교가는 판본이 2개이다. 하나는 『목릉조선민족교육사』에 실린 것으로 부제목이 '독립군의 노래'로 되어 있다. 또 다른 하나는 라북현조선족학교 손영수 교장선생님이 주신 것이다. 이 교가 2개 모두 악보는 없고 가사만 있어 작곡가와 작사가는 알 수 없다.

연구대상 흑룡강성 조선족학교 교가의 작곡가 현황을 통하여 알 수 있는 특징은 다음과 같다. 첫째, 조선족학교 교가의 작곡가는 다작(多作)하지 않았다. 이것은 조선족학교 교가의 작곡가들이 여러 학교의 교가를 작곡하지 않고 오직 한 학교의 교가를 작곡하였다는 것이다. 이는 교가의 창작에 있어 주도적인 역할을 한 사람들이 그 학교에 근무하는 교원이기 때문이다. 이에 따라 작곡은 주로 음악교원이 담당하였고 작사는 국어선생님이나 교장선생님이 주로 담당하였다. 다시 말해 전문적인 작곡가 출신이 학교의 교가를 작곡하는 경우는 많지 않았다는 사실이다.[41]

둘째, 개인이 홀로 작업한 작곡이 많다. 길림성의 경우, 조선족학교의 교가를 작곡할 때에 주로 두 명 이상이 함께 작업한 경우가 많았다. 즉 교가를 작곡할 때 두 사람 혹은 세 사람이 공동으로 작업을 한 경우가 많았고, 심지어는 집체가 작곡한 경우도 많았다. 그러나 본 연구의 대상인 흑룡강성 조선족학교 교가에서는 대부분이 1인 작곡가 작품이었다. 두 명이 함께 작곡한 교가는 5곡[42]에 불과하였고 두 명 이상이 참여한 작곡은 1곡도 없었다. 특이한 점은 집체가 작곡한 경우가 1곡도 없었다는 사실이다. 이러한 특징을 분석하면서 길림성은 중국 조선족의 중심이고 음악가가 많았기 때문에 서로 공동 작업을 했을 것이라는 단순한 추정을 하기보다는 좀 더 분석이 이루어져야 할 것으로 판단된다. 다만 조선족 인구의 비율로 볼 때 조선족 학생이 많지 않은 흑룡강성 조선족학교에 전문적인 음악교원이 그리 많지 않았

---

41 이러한 조선족학교 교가의 창작 특징은 길림성 조선족학교 교가에서도 나타났다. 안병삼, 「중국 조선족학교 교가 분석」, 『인문연구』 제62호, 2011a년, 400-401쪽 참조.

42 녕안시조선족소학교, 벌리현조선족중학교, 가목사시조선족중학교, 치치하얼시조선족소학교, 라북현조선족중학교 등 5개교가 이에 해당된다.

을 것이다.

셋째, 작곡가 미상인 조선족학교가 많았다. 연구대상 흑룡강성 조선족학교의 교가 중 작곡가 미상은 모두 3곡이었다. 3곡은 모두 오래전에 이미 폐교된 조선족학교라는 공통점을 가지고 있다. 하지만 교가의 작곡가를 알 수 없는 주요 원인은 위에서도 언급했듯이 조선족학교의 근본적인 문제라고 할 수 있는 기록이 남아 있지 않기 때문이다. 작곡가가 미상인 경우 작사가 역시 알 수 없는 경우가 대부분이었다.

(2) 작사가

교가의 가사는 학생들에게 학교가 지향하는 사상 등을 정확하게 전달하는 매우 중요한 역할을 한다. 특히 어린 학생들에게 교가를 통하여 학교의 교훈을 전달하고자 하거나 애교심을 높이기 위한 가사의 역할은 더욱 그렇다고 할 수 있다. 특히, 조선족학교 교가의 경우 일반적인 학교와는 다른 특수한 상황으로 순수한 교육적 의미를 넘어 대중의 시대적인 요구를 반영하기도 하고 정부의 정책을 반영하기도 하며 조선족 스스로 민족정체성을 유지하기도 한다. 이에 조선족학교의 교가는 학생들과 정부의 눈높이에 맞춰야만 했고, 동시에 대중이 만족할 만한 노랫말을 창작해야만 하였다. 그리고 교가라는 특성상 학생들이 쉽게 받아들일 수 있도록 후렴구의 반복을 두어 강조의 개념을 사용하였다.

연구대상 흑룡강성 조선족학교 47개교의 교가를 작사한 사람은 미상과 집체 등의 작사를 제외하면 모두 39명이었다. 39명의 작사가 중 가장 많은 흑룡강성 조선족학교 교가를 작사한 사람은 강효삼과 백호연으로 각각 2개교의 교가를 작사하였다.

이들 두 사람을 제외하고는 모두 한 학교의 교가만을 작사하였다.

흑룡강성에서 주로 활동한 시인이자 수필가인 강효삼은 1944년 흑룡강성 연수현에서 태어났다. 연변대 조선어문학과를 졸업하고 연수현에서 교직생활을 하였고, 상지시 하향정부에서 문화공무원 생활 등을 하다가 퇴직하였다. 그는 시, 수필, 노랫말 가사, 아동 작품 등 다양한 소재에 걸쳐 무려 1,000여 편을 발표하여 많은 문학상을 수상하였다. 현재 자유롭게 칼럼을 쓰는 등 각종 잡지에 기고하고 있다. 흑룡강작가회, 연변작가협회 회원 등을 지냈다. 그의 창작활동은 주로 민족적인 정신을 많이 표현하고자 노력하였다. 다음은 그의 시 「없다, 있다: 내 겨레의 자화상」의 일부분이다.

> 없다, 있다 우리에게/ 이 땅을 산/ 아버지의 무덤이 없다/ 어머니의 족보가 없다
> 없다, 없어 시방은/ 멀쩡한 20대 사나이에게/ 그 씨받이의 여인이
> 산 하나, 땅 한 뙈기/ 인상 같은 존재를/ 무같이 버린다
> 어제는 빼앗겨 없고/ 오늘은 버려서 없고/ 있어도 결국은 없는
> 무(無)… 무… 무…

그는 시에서 조선족 농민들이 지금껏 삶의 터전으로 삼았던 소중한 땅을 버리고 도시로 진출하는 가슴 아픈 조선족 사회의 현실을 한탄하고 있다.

강효삼과 백호연의 2개교 작사, 39명의 1개교 작사를 제외하고 연구대상 흑룡강성 조선족학교 교가는 조선어조 작사 1개교, 집체 1개교, 미상 4개교가 있다. 〈표 1.6〉은 연구대상 흑룡강성 조선족학교 교가의 작사가 현황이다.

〈표 1.6〉 연구대상 조선족학교 교가의 작사가

작사가	교가수	학교명
김동진	1	녕안시조선족소학교
류덕림	1	녕안시조선족중학교
한상국	1	목단강시조선족소학교
김기련	1	목단강시조선족중학교
조선어조	1	하얼빈시조선족제1중학교
리승권	1	하얼빈시조선족제2중학교
최 현	1	하얼빈시만방조선족중학교
김선녀	1	하얼빈시도리구조선족 중심소학교
김춘산	1	하얼빈시동력구조선족 소학교
강효삼	2	상지시조선족중학교
		상지시상지진조선족소학교
백호연	2	송강성조선족제1중학교
		오상현민락완전소학교
박철준	1	목릉시조선족중학교
정주성	1	계동현조선족중학교
리성화	1	계동현계림조선족중학교
백운옥	1	오상시조선족실험소학교
효 문	1	오상시조선족중학교
리종수	1	동녕현조선족중학교
마송학	1	동녕현삼차구조선족중심 소학교
김봉선	1	해림시조선족중학교
김혜영[45]	1	라북현조선족중학교
곽자평	1	오상시산하진홍덕조선족 소학교
이운학	1	오상시조선족사범학교

작사가	교가수	학교명
김은철	1	벌리현조선족중학교
서상렬	1	경안현조선족중학교
윤단암	1	대종학원
박상빈	1	해림시신안진조선족소학교
김봉운	1	수화시흥화조선족향소학교
도성복	1	수화시흥화조선족향소학교
박 일	1	가목사시조선족중학교
김동명	1	가목사시조선족중학교
리주범	1	수화시경안진평안진민족 소학교
김순옥	1	밀산시조선족소학교
리상각	1	밀산시초급중학교
전해자	1	녕안시발해진조선족소학교
리범란	1	철력시조선족중학교
장희봉	1	철력시조선족소학교
강진수	1	탕원현조선족중학교
김처중	1	오상현산하진숭의소학교
리광무	1	목릉시공화조선족소학교
김용식[43]	1	치치하얼시조선족중학교
집 체	1	밀산시조선족중학교
미 상	4	목단강시해림향산하조선족 소학교 아성소학교 목릉현향양툰원동소학교 치치하얼시조선족소학교[44]

연구대상 흑룡강성 조선족학교 교가의 작사가 현황을 통하여 알 수 있는 특징은 다음과 같다. 첫째, 조선족학교 교가의 작사가 역시 작곡가와 마찬가지로 다작(多作)하지 않았다. 조선족학교 교가의 작사가도 대부분이 1곡을 작사하였다. 이러한 원인 역시 작곡가의 경우와 비슷한데 교가 창작에 있어 주도적인 역할을 하는 사람들이 그 학교에 근무하는 교원이기 때문이다. 다시 말해, 대부분 작사를 하는 사람이 학교에 근무하는 교장이거나 설립자, 국어교사 등을 중심으로 이루어졌기 때문이다. 그들은 특정 분야의 전문적인 지식을 필요로 하는 작곡과는 달리 자신들의 애교심 및 학교 운영을 밝히는 작업으로 노랫말을 만들었다.[46]

둘째, 작곡과 마찬가지로 작사도 개인이 홀로 작업한 경우가 절대적으로 많았다. 본 연구의 대상인 흑룡강성 조선족학교 교가에서는 대부분 1인이 작사를 하였다. 두 명이 함께 작사한 교가는 수화시 홍화조선족향소학교와 가목사시 조선족중학교의 교가 2곡에 불과하였고 두 명 이상이 참여한 작곡은 1곡도 없었다. 여기에 조선어조와 집체가 작사한 경우가 각각 1곡이 있었다. 길림성 조선족학교 교가 중 작사를 집체가 한 경우가 많은 것과 비교할 때[47] 흑룡강의 경우 집체가 작사한 경

43 故 김용식 선생님은 당시 치치하얼시조선족중학교의 문학교원으로 소설 『규중비사』의 작자이기도 하다.

44 제1차 수집 교가에는 작곡가만 기재되어 있고 작사가는 기재되어 있지 않았다. 이후 제2차 수집 교가에서는 작사가가 '서석순'으로 되어 있었다.

45 김혜영 선생님은 오상시조선족사범학교 졸업생으로, 라북현조선족중학교에 근무하면서 교가를 작사하였다. 이때 오상시조선족사범학교 교가를 참고하여 작사하였다고 말하였다. 실제로 가사의 몇 구절이 같다.

46 안병삼, 앞의 논문, 2011a년, 406쪽 참조.

47 길림성 연구대상 조선족학교 교가 중 집체가 작사인 경우는 7곡이나 되었다. 또한 각 학교의 조선어문조가 작사한 경우도 2곡이 포함되어 있었다.

〈표 1.7〉 연구대상 조선족학교 교가의 제목

학교	제목
녕안시발해진조선족소학교	빛나라 발해조선족소학교
하얼빈시동력구조선족소학교	동력소학의 노래
밀산시조선족소학교	행복의 요람
목릉현향양툰원동소학교	독립군의 노래
철력시조선족소학교	우리 학교
오상시조선족중학교	배움의 꿈나무
목단강시조선족중학교	빛나라 목조중
라북현조선족중학교	용맹을 떨치자 라북조중
하얼빈시조선족제2중학교	청사에 빛내가자
상지시조선족중학교	배움의 무궁화
해림시조선족중학교	빛나라 해림조중이여
계동현계림조선족중학교	빛나라 계림중학
계서시조선족중학교	빛나라 계조중
동녕현조선족중학교	우리 학교
밀산시조선족중학교	길이 빛나라 밀산조선중학이여
밀산시초급중학교	길이길이 빛나라 밀산중학교

우는 밀산시조선족중학교 단 한 곳밖에 없어 대조를 이루었다.

셋째, 교가에 제목을 둔 경우가 있었다. 연구대상 흑룡강성 조선족학교 교가 작사가 중 16명은 교가에 맞는 교가의 제목을 지었다. 이 16명 중 누구인지 모르는 미상이 1명이고, 집체가 작사인 것이 하나있다. 일반적으로 '＊＊ 조선족학교 교가'라고 부르지만 이들 교가는 별도로 교가의 제목을 두어 부르기도 하였다. 여기서 주목할 점은 교가의 제목 중 대다수가 '빛나라'라는 용어를 사용하고 있는데, 이것은 학교의 발전을 기원하는 바이며, 학교를 빛내기 위해서는 전교생들이 열심히 배움에 임해야 한다는 교육적 이념을 담고 있다고 하겠다.

2) 교가의 형식과 내용

(1) 교가의 형식

❶ 교가의 길이

연구대상 흑룡강성 조선족학교 교가 가사의 음악적 형식에는 교가의 길이를 가지고 1절, 2절, 3절 등으로 나뉜다. 가사가 1절인 조선족학교 교가는 모두 10개였다. 가사가 2절인 조선족학교 교가는 30개로 가장 많은 비중을 차지하였고, 가사가 3절인 조선족학교 교가는 5개였다. 이 외에도 알 수 없는 미상의 교가가 2개였다. 이를 통해 조선족학교 교가의 작사가들은 교가의 길이로 2절을 가장 선호했음을 알 수 있었다.

〈표 1.8〉 연구대상 조선족학교 교가의 길이(절)

구분	학교명	
1절	송강성조선족제1중학교 계동현계림조선족중학교 오상시조선족실험소학교 해림시신안진조선족소학교 아성소학교	녕안시발해진조선족소학교 철력시조선족소학교 오상현산하진숭의소학교 목릉시공화조선족소학교 밀산시조선족중학교
합계	10	
2절	녕안시조선족소학교 하얼빈시조선족제1중학교 하얼빈시만방조선족중학교 하얼빈시도리구조선족중심소학교 하얼빈시동력구조선족소학교 상지시조선족중학교 목릉시조선족중학교 목릉시조선족학교 계동현조선족중학교 계서시조선족중학교 목단강시해림향산하조선족소학교	벌리현조선족중학교 수화시흥화조선족향소학교 가목사시조선족중학교 수화시경안진평안진민족소학교 밀산시조선족소학교 밀산시초급중학교 철력시조선족중학교 탕원현조선족중학교 상지시상지진조선족소학교 오상현민락완전소학교 목릉현향양툰원동소학교[48]

2절	오상시조선족중학교 동녕현조선족중학교 동녕현삼차구조선족중심소학교 오상시산하진홍덕조선족소학교	치치하얼시조선족소학교 치치하얼시조선족중학교 해림시조선족중학교 라북현조선족중학교
합계	30	
3절	녕안시조선족중학교 목단강시조선족소학교 목단강시조선족중학교	하얼빈시조선족제2중학교 경안현조선족중학교
합계	5	
미상	오상시조선족사범학교[49]	대종학원
합계	2	

❷ 교가의 박자

박자(meter)는 일정한 수의 박(拍)이 모여서 음악적인 시간을 구성하는 기본단위인 리듬 유형이다. 이 박자는 소절로 나눌 수 있는데, 서양 기보법에서는 마디를 소절선에 따라 구별한다. 악곡의 시작 부분에 표기된 박자표는 한 마디 안에 들어가는 박의 수와 기본 박의 길이를 나타낸다.[50]

연구대상 흑룡강성 조선족학교 교가의 박자 중에는 4/4박자의 곡이 30개로 가장 많은 수를 차지하였다. 이것은 흑룡강성 조선족학교 교가 작곡가들이 4/4박자를 학교 교가에 가장 좋다고 생각한 것으로 판단된다. 이것은 4/4박자의 교가가 힘찬 기상을 표현하기에 가장 유

48 이 학교의 교가 판본 중 하나는 『목릉조선민족교육사』에 실린 것으로 부제목이 '독립군의 노래'로 가사는 1절로 되어 있다. 또 다른 하나는 라북현조선족학교 손영수 교장선생님이 주신 것으로 악보가 있고 가사는 2절이다. 이 표에서는 악보가 있는 후자를 따랐다.

49 졸업생을 대상으로 교가를 기억하는 사람을 찾아 수집하였다. 라북현조선족학교에 근무하는 김혜영 선생님이 1절을 기억하고 있었다. 또 다른 졸업생들은 교가의 길이에 대해 2절까지 있었다는 의견과 3절까지 있었다는 의견이 있었다.

50 안병삼, 앞의 논문, 2011a년, 409-410쪽 참조.

〈표 1.9〉 연구대상 조선족학교 교가의 박자

박자	교가수	학교명	
2/4	9	목단강시조선족소학교 해림시조선족중학교 밀산시조선족소학교 철력시조선족소학교 오상현민락완전소학교	목릉시공화조선족소학교 목릉현향양툰원동소학교 치치하얼시조선족소학교 치치하얼시조선족중학교
4/4	30	녕안시조선족소학교 목단강시조선족중학교 하얼빈시조선족제1중학교 하얼빈시조선족제2중학교 하얼빈시만방조선족중학교 하얼빈시도리구조선족중심소학교[51] 하얼빈시동력구조선족소학교 상지시조선족중학교 송강성조선족제1중학교 목릉시조선족중학교 목릉시조선족학교 계동현조선족중학교 계동현계림조선족중학교 계서시조선족중학교 목단강시해림향산하조선족소학교	벌리현조선족중학교 경안현조선족중학교 해림시신안진조선족소학교 가목사시조선족중학교 수화시경안진평안진민족소학교 밀산시조선족중학교 밀산시초급중학교 철력시조선족중학교 상지시상지진조선족소학교 오상현산하진숭의소학교 동녕현조선족중학교 동녕현삼차구조선족중심소학교 라북현조선족중학교 오상시조선족실험소학교 오상시조선족중학교
변박 (2/4→4/4)	3	녕안시조선족중학교 오상시산하진홍덕조선족소학교	탕원현조선족중학교
6/8	1	수화시흥화조선족향소학교	
미상	4	오상시조선족사범학교 대종학원	아성소학교 녕안시발해진조선족소학교

리하고, 행진하면서 부르기에 좋기 때문으로 풀이된다. 연구대상 47개교의 교가 중에는 중간에 악곡이 변하는 변박자로 구성된 교가도 3개가 포함되어 있었다. 2/4박자는 9개였고, 6/8박자는 1개가 있었다. 이 외에도 알 수 없는 미상의 교가가 4개였다. 미상의 교가 4개는 모두 교가의 가사만 수집하고 악보는 수집하지 못한 경우이다.

51 이 학교의 교가로 서로 다른 2개를 수집하였다. 하나는 『중국조선족교육』 1999년 3월호에 실린 것으로 여기에는 작곡가와 작사가가 기재되어 있지 않고 박자는 2/4다. 다른 하나는 학교 1층 현관에서 직접 촬영한 것으로 작곡가와 작사가가 적혀 있고 박자는 4/4다. 이 표에서

(2) 교가의 내용

중국 조선족학교는 각 시대적 상황에 따라 서로 다른 교가를 만들어 학생들에게 부르게 하였다. 일본이 한반도 및 중국 동북지역을 점령하였을 때에는 반일민족독립 정신과 민족해방을 교육하였고 중화인민공화국이 성립한 이후에는 사회주의 사상 및 타국에서 사는 소수민족으로서 한민족의 문화 선양과 민족교육을 노래하였다.[52] 이로 인해 조선족학교 교가의 창작연도를 알면 그 교가의 내용을 대략적으로 짐작할 수 있다.

일반적으로 교가의 내용은 세 부분으로 구성되어 있다. 첫 부분은 대체로 학교의 지역성, 역사성, 특수성 등을 나타내기 위하여 학교 주변의 지명, 산, 강 등의 이름을 사용한다. 중간 부분은 교가의 핵심부분으로 학교에서 학생들에게 전달하고자 하는 가장 중요한 내용이 들어간다. 예를 들어 학교의 교육목적, 설립정신, 시대적 요구 등이다. 끝부분은 주로 학교의 이름을 강조하기 위해 학교 이름을 부르는 후렴구가 있다.

여기서는 연구대상 흑룡강성 조선족학교 교가의 내용을 세 가지로 나누어 살펴보고자 한다. 먼저 교가의 가사에 나타난 지명과 인명을 살펴보고, 다음으로 교가의 가사에 나타난 사회주의 용어를 살펴보고, 마지막으로 교가의 가사에 나타난 민족주의 용어를 살펴보겠다.

는 학교에서 지금 사용하고 있는 후자를 따랐다.

52 안병삼, 「中國 朝鮮族學校 校歌의 亡失과 그 特徵」, 『한국민족문화』 제39호, 2011c년, 370-371쪽 참조.

❶ 교가 가사의 지명과 인명

연구대상 흑룡강성 조선족학교 교가에 나오는 지명은 대체로 학교 주변의 지명, 강, 산, 바다 등의 이름이었다. 그중 가장 많이 사용된 것은 흑룡강성을 흐르는 강의 이름이었다. 이것은 길림성에서 가장 많이 사용했던 백두산(장백산)과는 다른 결과였다. 또한 교가의 가사에 나오는 인명이 1명도 없었는데, 이 또한 길림성과 전혀 다른 결과이다.

〈표 1.10〉에서 알 수 있듯이 흑룡강성 조선족학교 교가의 가사에 나타난 인명은 전혀 없었고, 지명은 모두 30여 곳이었다. 특히 흑룡강

〈표 1.10〉 연구대상 조선족학교 교가의 지명

지구	지명
하얼빈지구	송화강(할빈시도리구조선족중심소학교), 산하벌(오상시산하진홍덕조선족소학교), 룡강(오상시조선족사범학교), 마이하(상지시상지진조선족소학교), 도산(오상현산하진숭의소학교), 라임하(오상현민락완전소학교)
목단강지구	목단강(녕안시조선족중학교, 녕안시조선족소학교, 목단강시조선족소학교,목단강시조선족중학교), 경박호(녕안시조선족소학교, 녕안시발해진조선족소학교), 목릉하(목릉시조선족중학교), 사평산(목릉시조선족중학교), 장백산맥(동녕현조선족중학교), 수분하(동녕현삼차구조선족소학교), 해란강(해림시조선족중학교, 해림시신안진조선족소학교), 위호산(해림시조선족중학교), 본간산(해림시신안진조선족소학교), 신안진(해림시신안진조선족소학교), 두만강(목릉현향양툰원원동학교), 백두(목릉현향양툰원원동학교), 압록강(목릉현향양툰원원동학교)
계서지구	계관산(계동현조선족중학교, 계서시조선족중학교), 목릉강(계동현조선족중학교, 계서시조선족중학교, 밀산시초급중학교), 봉밀산(대종학원, 밀산시조선족중학교), 홍개호(대종학원), 완달산(밀산시초급중학교)
칠대하지구	완달산(벌리현조선족중학교)
가목사지구	송화강(가목사시조선족중학교), 삼강(가목사시조선족중학교)
학강지구	룡강(라북현조선족중학교), 봉황산(라북현조선족중학교)
이춘지구	소흥안령(철력시조선족중학교)
수화지구	호란강(경안현조선족중학교, 수화시경안현평안진민족소학교), 까다산(수화시경안현평안진민족소학교)
치치하얼지구	서홍교(치치하얼시조선족소학교), 흑룡강(치치하얼시조선족중학교)

성 조선족학교 교가 속에서는 학교가 위치한 곳에 있는 강의 이름을 산의 이름보다 더욱 많이 사용하였다. 사용된 강으로는 송화강을 비롯하여 (흑)룡강, 목단강, 해란강, 두만강, 삼강, 호란강 등이다. 이 중 교가 속에서 가장 많이 언급된 강은 (흑)룡강과 송화강이었다.

흑룡강(黑龍江)은 러시아 연방 시베리아 남동부에서 발원하여 중국 동북의 국경을 따라 동쪽으로 흘러 들어가는 강이다. 흑룡강성에서 가장 긴 하천으로, 러시아어로는 아무르강이라고 한다. 이 강의 상류와 중류는 1,890km에 걸쳐 국경선을 이루고 있다. 송화강(松花江)은 백두산의 천지에서 발원하여 중국 동북의 길림성과 흑룡강성을 지나는 강이다. 이 지역은 고조선, 고구려, 발해의 땅으로 예로부터 한민족의 터전이었다. 따라서 흑룡강성 조선족학교 교가에 송화강이 자주 등장하는 것은 예부터 한민족이 신성시하였던 백두산과 만주 벌판을 누비던 조상들의 민족 얼을 현재의 젊은 학생들에게 가르치기 위한 것으로 판단된다. (흑)룡강과 송화강을 제외하면 거의 겹치지 않게 강과 산들의 이름을 사용한 것이 특징이다.

❷ 교가 가사의 사회주의 용어

중국 조선족학교 교가에 많이 등장하는 용어 중 하나가 사회주의 관련 용어이다. 이러한 현상은 중국이 공산주의 국가이기 때문일 것이다. 특히 이런 사회주의 용어는 중국이 정치적인 색깔을 많이 지닌 시기에 창작된 교가에서 두드러지게 나타났다. 이 시기가 바로 중화인민공화국이 건립되고 문화대혁명이 끝날 때까지이다. 그러나 이 시기에 창작된 흑룡강성 조선족학교 교가는 많지 않았다.[53] 그 결과 흑룡강성

53 위에서 언급했듯이 〈표 1.3〉의 흑룡강성 조선족학교 교가의 창작연대를 보면, 1990년대 창작된 교가가 11개로 가장 많았고, 그 다음으로 1980년대 창작된 교가가 8개였다. 이 외에도

〈표 1.11〉 연구대상 조선족학교 교가의 사회주의 용어

지구	사회주의 용어
하얼빈지구	공산주의의 리상(할빈시도리구조선족중심소학교), 로농의 락원(송강성제1조선족중학교), 현대화(오상시산하진홍덕조선족소학교, 오상시조선족사범학교), 빨간 넥타이(오상시산하진홍덕조선족소학교)
목단강지구	현대화(녕안시조선족중학교,목단강시조선족소학교,목단강시조선족중학교), 공산주의(목단강시조선족중학교), 인민(해림시신안진조선족소학교)
계서지구	당의 해살(계동현조선족중학교), 오성 붉은 기(밀산시조선족소학교), 붉은 넥타이(밀산시조선족소학교), 공산주의 설계도(밀산시조선족중학교), 당의 기치(밀산시조선족중학교)
치치하얼지구	인민(치치하얼시조선족중학교)

여러 지구의 조선족학교 교가에서 사회주의 관련 용어가 나타나지 않았고[54] 흑룡강성의 다른 지역 조선족학교에서도 많이 나타나지 않았다.

흑룡강성 조선족학교 교가에 나타난 사회주의 용어를 분석하면, 모두 12개의 학교에서 12개의 사회주의 용어가 나타났음을 알 수 있다. 사회주의 용어 중에서 가장 많이 등장한 것은 '공산주의'로 모두 3개교의 교가에서 나타났다. 그 다음으로 많이 등장한 단어는 붉은색을 가리키는 것[55]과 '인민'이었다. 이러한 결과는 위에서도 언급했듯이 연구대상 흑룡강성 조선족학교의 교가 대부분이 1980년대 이후에 창작되어 당시의 사회적 분위기를 반영한 것이다. 즉 개혁 · 개방정책이 실시된 이후에 이전과는 다른 다양한 교가가 창작되었던 것이다. 정치적인 색깔을 최대한 배제하고 배움터로서의 학교를 강조한 교가가 등

2000년대 창작된 교가 4개, 1940년대 창작된 교가 3개, 1950년대 창작된 교가 2개, 그리고 1920년대, 1930년대, 1960년대 창작된 교가가 각각 1개였다.

54 칠대하지구, 학강지구, 이춘지구, 가목사시, 수화지구의 조선족학교 교가에서 사회주의 관련 용어는 발견할 수 없었다.

55 붉은 기, 붉은 넥타이, 빨간 넥타이 등.

장하였고, 또한 타국에 사는 소수민족으로서의 자신의 민족정체성을 지키고자 하는 교가도 존재하였다.[56]

❸ 교가 가사의 민족주의 용어

중국의 개혁 · 개방 이후 사회적 분위기는 중국 조선족학교 교가에도 많은 영향을 미쳤다. 그중 하나가 경제적 발전과 더불어 정치적 색깔이 점점 사라지면서 자신의 문화와 민족에 대한 관심 등을 표출한 것이다. 특히, 조선족의 경우 중국 내에서 비교적 자신의 민족문화를 잘 보존하면서 살아왔기에 조선족학교 설립 초기부터 줄곧 지속적인 민족교육을 실시하고자 하였다.[57] 그 결과 흑룡강성 조선족학교의 교가 속에도 민족주의 관련 용어들이 많이 등장하였다.

흑룡강성 조선족학교 교가에 나타난 민족주의 용어를 분석하면, 모두 21개의 조선족학교 교가에서 민족주의 용어가 있음을 알 수 있다. 민족주의 용어 중에서 가장 많이 사용된 용어는 '겨레'로 11개교에서 14번 등장하였다. 그 다음으로 많이 사용된 용어는 '민족'으로 7개교에서 9번 등장하였다. 민족주의 용어는 사회주의 용어와 다르게 흑룡강성 모든 지역의 조선족학교 교가에 나오는데, 이를 통해 조선족학교가 민족의 얼과 기상을 학생들에게 교육하고자 한 바를 알 수 있다.

---

56 안병삼, 앞의 논문, 2011b년, 324쪽 참조.

57 여기서 주목해야 하는 것은 구한말의 민족의식과 중화인민공화국 시기의 민족의식에는 확연히 다른 뜻이 담겨 있다는 사실이다. 중화인민공화국 이전의 민족의식은 나라 잃은 민족이 지닐 수 있는 독립을 향한 민족정체성이며, 그 독립국가에서 다시 옛날 조상들이 이룩했던 찬란한 민족문화를 꽃피워야 한다는 것이었다. 그러나 중화인민공화국 이후에 교가에 나타난 민족의식은 첫째, 중국 내 소수민족으로서 다른 민족 문화와 조화롭게 어울릴 수 있는 우리 고유의 문화를 계승 · 발전시키기 위한 민족정체성을 말한다. 둘째, 유구한 역사를 지닌 자랑스런 민족이라는 민족의 자부심을 지니도록 하는 것이다. 여기서 중요한 것은 이러한 두 가지가 중화문명의 발전에 이바지해야 한다는 목적의식이 자리 잡혀 있다는 사실이다. 위의 논문, 317쪽.

〈표 1.12〉 연구대상 조선족학교 교가의 민족주의 용어

지구	민족주의 용어
하얼빈지구	민족의 문화(하얼빈시조선족제1중학교), 민족의 얼(하얼빈시조선족제1중학교), 민족의 희망(하얼빈시조선족제2중학교, 오상시조선족사범학교), 겨레의 기상(상지시조선족중학교), 배움의 무궁화(상지시조선족중학교)
목단강지구	겨레의 기백(녕안시조선족중학교), 겨레의 얼(목단강시조선족소학교), 겨레의 념원(목단강시조선족중학교), 민족의 자랑(녕안시조선족중학교), 겨레의 노래소리/겨레의 글소리(동녕현삼차구조선족소학교), 겨레의 넋(해림시조선족중학교), 배달족(목릉현향양툰원원동학교), 우리 동족(목릉현향양툰원원동학교), 무궁화(목릉현향양툰원원동학교)
계서지구	겨레(계동현계림조선족중학교), 겨레의 뜻(계서시조선족중학교), 배달소년들(대종학원), 겨레의 아들딸(밀산시초급중학교)
칠대하지구	민족의 뜻(벌리현조선족중학교), 민족의 문화(벌리현조선족중학교), 조선민족(벌리현조선족중학교)
가목사지구	겨레의 숨결(가목사시조선족중학교)
학강지구	민족의 희망(라북현조선족중학교), 조국의 기대(라북현조선족중학교)
이춘지구	조국의 번영(철력시조선족중학교), 민족의 창성(철력시조선족중학교)
수화지구	겨레의 사랑/겨레의 자랑/겨레의 긍지(경안현조선족중학교), 조국의 미래(수화시경안현평안진민족소학교)
치치하얼지구	민족의 희망(치치하얼시조선족소학교), 우리 민족(치치하얼시조선족소학교)

이 외에도 배달족, 우리 동족, 무궁화, 조선민족, 우리 민족 등의 용어를 사용하였다.

4. 흑룡강성 조선족학교 교가의 가사 분석

교가의 가사는 교가의 창작연대와 밀접한 관계를 가진다. 왜냐하면 조선족학교 교가는 당시의 사회적 · 시대적 상황을 반영하고 있기 때문이다. 주지하다시피, 1945년 광복 이전의 조선족학교 교가는 주로 시대적 상황에 맞게 항일정신과 독립정신, 그리고 대중적 계몽의식과 민족정신을 일깨우는 내용을 담고 있었다. 이것은 조선족이 사는 지역에서 폭넓은 민족적 기반을 구축하고 독립운동사상을 배양하는 데 큰 공헌을 하였다. 1949년 이후 중화인민공화국 건립 이후의 중국 조선족학교 교가는 주로 각 시기별 정치적 변화에 따라 공산당과 사회주의 찬양, 중화사상, 배움(터)의 중요성 강조, 민족정신을 일깨우는 내용 등 다양하게 시대상을 반영하고 있었다.[58] 이렇듯 조선족학교 교가는 지난 100여 년간의 조선족이 처한 상황을 비교적 잘 나타내고 있어 당시의 사회적 · 시대적 상황을 알 수 있는 중요한 지표 중 하나라고 말할 수 있다.

연구대상 47개교의 흑룡강성 조선족학교 교가 가사를 분석한 결과, 1945년 이전에 자주 나타났던 항일 혹은 독립정신을 배양하는 교가는 없었다. 그러나 1949년 중화인민공화국 성립 이후에는 배움(터)의 강조, 민족의식 고취, 공산당 찬양 등이 표현되었다. 흑룡강성 조선

58 안병삼, 앞의 논문, 2011c년, 391쪽 참조.

족학교 교가 가사의 내용은 다음과 같다.

1) 배움(터)의 강조

학교를 사랑하는 마음을 심어주기 위해 가장 필요한 것은 학교의 자랑이며 선진이다. 이 선전은 학교 전통에 대한 자랑일 수 있고 배움의 소중한 터전이라는 것을 강조한다. 학교에서 배움을 강조하는 것은 어느 시대적 환경에서도 드러내놓고 말할 수 있는 것 중 하나이다. 즉 모든 시대, 모든 환경에서도 통한다는 말이다. 여기서 주의해야 하는 사실은 배움(터)의 강조가 모든 시대를 아우를 수 있는 학교 본연의 의무이라고 순수하게 생각할 수 있지만 중국 조선족학교 교가에 나타난 한 배움(터)의 강조는 이중적인 성격을 가지고 있다는 것이다. 다시 말해, 한편으로는 배움(터)의 중요성을 강조한 조선족학교 교가가 순수하게 학생들이 공부하는 장소 혹은 학생들이 열심히 공부해야 한다는 당위성을 강조한 것이어서 정치적인 색채를 배제한 것으로 볼 수 있다.

또 다른 한편으로는 중국의 개혁 · 개방 이후 등소평의 실사구시 정신에 따라서 경제를 발전시키기 위해 교육을 발전시켜야 한다는 중국 정부의 교육정책을 반영한 것으로, 사회주의적 인간양성과 경제발전을 목표로 등장했다는 것이다. 이런 요구가 문서상으로 나타난 것은 1985년에 발표된《중국공산당 중앙위원회의 교육체제개혁에 관한 결정》과 1993년도에 발표된 중국의 교육개혁 지침인《중국교육개혁과 발전강요》란 문서이다.《중국공산당 중앙위원회의 교육체제개혁에 관한 결정》을 보면, “교육은 반드시 사회주의 건설을 위해 봉사해야 하며, 사회주의 건설은 반드시 교육에 의지해야 한다."고 하였다.[59] 사회주의 중국에서 교육은 정치에 종속적이면서 군부나 당과 더불어 첨예하게 정책대결이 이루어지는 영역 중 하나이다. 이는 중국 사회에서 교육이 줄곧 정치와 경제의 사이에서 중재자로서의 일정한 역할을 요구받았던 역사적 경험에 의해서 쉽게 확인된다.

이를 테면, 문화혁명기에는 정치가, 현대화 추진 이후에는 경제논리가 교육에 지배적인 비중을 두었다. 이런 의미에서 교육은 '두 마리 토끼'를 목표로 하고 있다. 즉, 한편 생산력의 일부로서의 자본주의적 현대화를 위한 도구로 다른 한편 사회주의적 인간양성이라는 상호 대립적인 두 가지 목표가 교육에 대한 요구이다. 이는 어디까지나 사회주의 체제 안에서 현대화를 추구하려는 시도이다.[60] 이러한 배경 아래 중국 흑룡강성 조선족학교 교가 속에서 배움(터)의 중요성을 가장 많이 표현하였다. 다음은 녕안시조선족중학교 교가이다.[61]

배움의 천릿길 험난하여도 선배들 가꿔온 전통을 이어
가시덤불 헤치며 나아가리라 사랑스런 그 이름 영원하리라
아, 아 녕조중 우리의 녕조중 우리의 녕조중 민족의 자랑 영광에 빛나라

녕안시조선족중학교 교가에서 가장 두드러진 특징은 '험난', '가시덤불'과 '전통을 이어', '헤치며 나아가리라'라는 서로 대립되는 단어를 사용하여 포기할 수 없는 배움의 중요성을 강조한 점이다.

---

59 구자억, 「개혁개방 이후 중국의 사회주의 교육관 고찰」, 『한국교육』 제24집, 1997년, 23쪽.

60 정영홍, 「중국의 사회주의 현대화와 조선족교육의 미래」, 『교육철학』 제15권, 1997년, 400쪽 참조.

61 녕안시조선족중학교 교가 2절이다. (출처: 녕안시조선족중학교 1층 현관 게시판)

도입부는 배움의 길이 천릿길의 험난한 길이라고 묘사하면서 선배들도 이러한 어려움을 이겨내고 자랑스러운 전통을 만들었기에 배움의 길을 절대 포기할 수 없음을 표현하였다. 중간 부분은 배움에 대한 의지가 더욱 강렬하게 표현되는 부분으로, 배움의 길을 가시덤불이라고 묘사하면서 이러한 어려움을 개의치 말고 무조건 나아가겠다고 맹세한다. 마지막 부분은 학생들의 배움터인 학교 이름의 반복적인 외침을 통해 배움의 어려움을 극복한 자랑스러운 학생들이 공부하는 녕안시조선족중학교가 영원히 빛나리라는 확신을 표현하였다. 순수한 의미에서는 학생들의 배움에 대한 중요성을 강조한 것이면서 동시에 당시 중국 정부가 추진한 사회주의적 현대화를 이끌기 위한 사회주의적 인간양성의 목표를 위해 교육은 포기할 수 없다는 의지를 표현한 것이라고 할 수 있겠다. 여기서 이 교가가 다른 교가와 다른 구성을 가지고 있는 것을 알 수 있다. 바로, 일반적인 교가의 도입부에서 학교가 위치하고 있는 지역의 산천 이름을 이야기하고 있는 반면에 이 교가에서는 곧장 배움의 중요성을 강조한 것이다.

하얼빈시조선족제2중학교 교가[62] 역시 배움(터)의 중요성을 강조하고 있다.

아, 아 빛발친다 우리 조2중 창조의 요람이다 우리 조2중
탐구의 불길이 이글거린다 지식의 불꽃이 번쩍거린다
아, 가슴 뜨겁게 청사에 빛내가자 우리 조2중

하얼빈시조선족제2중학교 교가는 배움에 대한 욕구를 형용사 '빛

62 하얼빈시조선족제2중학교 교가 2절이다. (출처: 이 교가를 작곡한 백설봉 선생님이 제공)

발친다', '이글거린다', '번쩍거린다', '뜨겁다' 등을 반복적으로 사용하여 강렬하게 표현하였다. 이러한 표현법은 흔히 공산주의 예술에서 볼 수 있는 강렬한 표현법으로 사람들을 자극하기 위한 것이라고 할 수 있겠다.

도입부는 녕안시조선족중학교 교가와 마찬가지로 학교가 위치하고 있는 지역의 산천 이름을 언급하지 않고 곧바로 학생들이 공부하는 배움터인 학교의 이름을 강조하면서 이곳이 빛나는 창조의 요람이라고 표현하였다. 중간 부분은 배움에 대한 열정을 점층적으로 표현하여 배움의 효과를 극대화하였다. 즉 배워가는 탐구의 길은 학생들의 열정으로 이글거리고, 배움을 통해 얻은 소중한 지식은 불꽃이 되어 번쩍거린다고 표현하였다. 배움터인 학교에서 열심히 배운 지식들은 사회와 국가에서 필요한 소중한 지식이 된다는 것이다. 마지막 부분은 배움(터)에 대한 뜨거운 열정으로 모교를 영원히 빛내가자고 표현하였다. 이 교가는 열정을 가지고 학습하는 배움의 중요성을 표현하면서 동시에 교육을 담당하는 배움터인 학교를 시작과 끝에서 강조한 교가이다.[63]

종합하면, 중국 흑룡강성 조선족학교 교가는 순수한 의미에서 배움(터)의 중요성을 강조했든 아니면 경제를 발전시키기 위해 교육을 발전시키고 사회주의적 인간양성이라는 중국 정부의 교육정책을 반영한 것이든 배움(터)의 중요성을 강조하는 시대적 요구에 부응하여 교가를 창작하였다고 할 수 있다. 또한 이러한 시대적 요구인 배움(터)의 중

63 배움터만을 강조한 교가도 많이 존재하는데, 이에 해당하는 수화시흥화조선족향소학교 교가 1절을 보자. (출처: 수화시흥화조선족향소학교 2층 회의실 게시판)

느릅나무 안겨진 우리의 배움터, 선생님 사랑 속에 지혜를 늘이네.
아, 아 행복스런 배움의 요람 자랑찬 우리 학교 흥화소학교

요성을 강조한 교가는 중학교 교가보다는 소학교 교가에서 집중적으로 나타나는 특징을 가지고 있었다.

2) 민족의식 고취

조선족학교가 학생들에게 자신의 정체성을 확립하고 민족의식을 심어주려는 노력은 조선족이 한반도를 떠나 중국이라는 타국에서 생활함과 동시에 시작되었다. 그 노력은 1906년 독립운동가 이상설이 용정에 중국 조선족 최초의 근대교육기관인 서전서숙을 세워 민족교육을 시작한 이래 21세기인 지금까지도 수많은 조선족학교에서 계속 이어지고 있다. 특히 조선족학교의 교가를 통한 민족의식 고취 교육은 1945년 일본이 패망하기 이전에는 항일정신과 독립운동이라는 민족의 시대적 사명에 부응하였고, 1949년 중화인민공화국이 성립한 이후에는 중국이라는 타국에서 소수민족으로서 자신의 고유한 문화를 유지·발전시키려는 민족적 사명을 실천하였다. 이렇듯 중국 동북 3성의 전 지역에서 민족의식 고취를 위해 교가를 만들었다. 흑룡강성 조선족학교도 예외는 아니었다.

조선족은 국가적인 측면에서는 중화 대가정의 한 일원으로서 정체성을 가지며, 민족적 측면에서는 이주민족으로서 한민족의 정체성을 가진다. 이러한 이중적 정체성 때문에 조선족은 모국과 거주국 사이에서 갈등하는 존재론적 특징을 갖게 된다. 중요한 것은 2개의 정체성이 항상 일대일의 비례로서 공존해 있거나 동등한 위치에 놓여 있는 것은 아니다. 이들 정체성은 사회 환경의 변화에 따라 수시로 위치가 바뀔 수 있으며 그러는 사이에 조선족 특색의 정체성이 확립되어가는 것이다.[64] 여기서 중요한 사실은 중국 조선족학교 교가에서 민족의식의 고취가 시대마다 약간의 차이점을 지니고 있다는 것이다. 필자는 이것을 '민족의식 고취 3단계'로 구분하였다.[65]

1단계는 1945년 일제 패망 이전에 조선족학교 교가를 통해 교육한 것이다. 이 시대의 민족의식은 나라 잃은 민족이 지닐 수 있는 독립을 향한 민족정체성이며, 이 독립국가에서 다시 옛날 조상들이 이룩했던 찬란한 민족문화를 꽃피워야 한다는 것이었다. 이 단계에서의 특징은 다른 민족이나 국가를 고려하지 않고 오직 순수한 우리 민족의식을 배양하는 것이 교육의 목적이었다.

2단계는 중화인민공화국 성립 이후에 교가에 나타난 민족의식이다. 이 시기는 중국 내 소수민족으로서 다른 민족 문화와 조화롭게 어울릴 수 있는 우리 고유의 문화를 계승 · 발전시키기 위한 민족정체성을 말한다. 동시에 유구한 역사를 지닌 자랑스러운 민족이라는 민족의 자부심을 지니도록 하는 것이다. 여기서 중요한 것은 조선족은 중국의 소수민족 중 하나이며, 조선족의 민족의식이 중화문명의 발전에 이바지해야 한다는 사실이다.

3단계는 2000년대 이후에 집중적으로 나타난 조선족과 한족이 함께 사용할 수 있는 포괄적인 민족의식이다. 이것은 모든 민족이 중화의식을 바탕으로 뭉쳐야 한다는 중화민족으로서의 민족의식이다. 이는 한족과 조선족이 각기 자기 민족의 문화를 학습하는 동시에 상대민족의 문화도 함께 학습하여 다민족국가 내에서 서로 다른 민족의

64 한흥화, 「『바람꽃』을 통해 본 조선족 정체성의 변이양상: 주인공 의식의 변화과정을 중심으로」, 『한국민족문화』 제38호, 2010년, 194쪽.

65 민족의식 3단계 구분은 모든 조선족학교 교가가 이에 해당된다는 절대적인 개념이 아니다. 대부분 조선족학교에서 나타난 일반적인 민족의식 변화 단계이다. 안병삼, 「중국 요녕성 조선족학교 교가 연구」, 『한민족문화연구』 제43집, 2013a년, 96쪽 참조.

문화가 공존하도록 하여 한족의 문화도 조선족의 문화도 아닌 하나의 새로운 문화인 중화민족문화를 만들어내자는 것이다.[66] 중국 조선족 학교 교가는 대부분이 2000년대 이전에 창작된 경우가 많아 아직까지 2단계가 대부분을 차지하고 있다. 다음은 민족의식 고취를 잘 보여주는 상지시조선족중학교 교가이다.[67]

빛나는 래일의 리상을 안고서 탐구로 불타는 글소리 높구나
겨레의 기상을 누리에 떨쳐갈 어엿한 일군들이 여기서 자라네
나래쳐 오르자 지식의 고봉에 배움의 무궁화 배움의 무궁화 우리의 상조중

위 교가는 비록 1945년 이전에 창작된 교가는 아니지만 '민족의식 고취 3단계' 중 1단계의 특징을 많이 가지고 있다. 즉 옛날 우리 조상들이 이룩했던 찬란한 겨레의 민족문화를 온 세상에 떨쳐야 함을 노래하고 있다. 이러한 민족의식 고취는 다른 민족이나 국가를 고려하지 않고 오직 순수한 우리 민족의식을 배양하는 것이 교육의 목적이었다.[68]

---

66 3단계에서 보여주는 민족의식의 형성은 1990년대 중반 중앙민족대학의 민족교육학자 텅싱(滕星)이 제기하면서 확대되기 시작한 '다원일체화 교육이론'의 결과이다. '다원일체화 교육이론'은 중국은 소수민족들에게는 해당 민족의 문화를 교육하는 동시에 주체 민족인 한족의 우수한 문화를 교육하고 더 나아가 한족들에게도 주류민족인 한족의 문화를 교육하는 동시에 소수민족의 우수한 문화도 함께 교육하자는 것이다. 다원일체화 교육의 최종 목적은 각 민족의 우수한 문화유산을 계승하고, 각 민족 간의 문화적 교류를 강화하고, 통일된 다민족국가인 중화민족 대가정의 경제에 있어서의 공동 발전을 촉진하여 문화상에서 공동의 번영과 정치상에서의 각 민족의 상호 존중, 평등, 우호와 친목을 다져 최종적으로 각 민족의 대동단결을 실현하는 것이다. 김정호, 「중국의 소수민족교육과 다문화교육」, 『사회과 교육』 제47권 1호, 2008년, 108쪽 참조.

67 상지시조선족중학교 교가 2절이다. (출처: 개교 60주년 기념책자)

68 이러한 교가에 해당하는 흑룡강성 라북조선족중학교 교가 1절이다. 이 교가를 작곡한 리선화 선생님이 제공하였다.

이 교가의 도입부는 미래에 대한 희망을 품은 조선족의 교육열을 표현하였다. 주지하다시피 20세기 초, 많은 한민족들은 조국의 경제적 어려움과 일제의 핍박을 벗어나기 위해 중국 동북지역으로 이주하였고, 그들은 피와 땀으로 황폐한 땅을 비옥한 농토로 만들었다. 중국에서 조선족이 되어서 그들은 서로 의지하고 기댈 수 있을 뿐만 아니라 자신들의 가난을 물려주지 않기 위한 교육사업을 시작하였다. 당시 조선족들은 비록 자신들은 헐벗고 굶주리는 한이 있더라도 가난을 대물림하지 않고 조선족으로서 떳떳하게 살아남기 위해서는 교육밖에 없다는 절박한 신념이 있었다.

중간 부분은 조선족 교육에 대한 열정이 겨레의 기상을 떨치기 위한 것이고 이를 위해 열심히 공부하고 있다는 현재의 모습을 말하고 있다. 교육에 대한 열정을 가진 학생들이 미래에 우리 민족 겨레의 기상을 떨치기 위해 학교에서 공부하고 있다는 것이다. 마지막 부분은 미래의 꿈과 현재의 노력이 승화되는 모습을 구현하였다. 이러한 이상의 구현을 위해 더욱 분발하여 지식을 배우자고 강조하면서, 동시에 우리 학생들을 무궁화로 비유하여 민족의식을 더욱 고취하고 있다. 이에 이 학교의 교가 제목도 '배움의 무궁화'이다.

조선족의 정체성은 무엇보다 한족에 대한 우월성을 강조하는 방식으로 드러나는데 이것은 중국 사회에서 조선족이 소수민족으로서 불이익과 차별을 경험해왔던 것과 연관된다. 즉 민족평등을 주장하는 중국 국가의 공식적 담론의 강력한 영향 속에 조선족은 자신들에 대한 차별을 '차별'로 받아들이기보다는 오히려 한족에 대한 우월함의 형태

룡강의 대디우에 우뚝 솟은 변강의 희망 싣고 민족의 희망 싣고
푸른 꿈을 키우는 라북조중 앞으로 힘차게 달려나가자
민족겨레의 사명감 안고 용맹 떨치자.

로 그들만의 종족 정체성을 강조함으로써 한족에 대한 열등감을 중성화시키고 동시에 한족과의 불평등한 경쟁으로부터 벗어나고자 하였다.[69] 이에 상지시조선족중학교 교가에서 민족의식 고취를 위해 한족 문화와 다른 겨레의 기상, 한글, 무궁화 등을 사용하였다.

다음은 하얼빈시조선족제1중학교 교가이다.[70]

찬란한 민족문화 빛내는 우리 학교 시대와 더불어 더불어 힘차게 달려가네
슬기론 민족의 얼 대이어가며 중화를 빛내려 힘써 배우네
아, 자랑스런 아, 합조일중 그 이름 영원히 영원히 길이 보존하세

하얼빈시조선족제1중학교 교가는 '민족의식 고취 3단계' 중 2단계를 잘 보여준다고 할 수 있다.[71] 조선족은 중국의 소수민족 중 하나로 유구한 역사를 지닌 민족으로서, 한민족의 민족정신을 잊지 말고 중화 문명의 발전에 이바지해야 함을 노래하고 있다.

교가의 도입부는 조선족의 찬란한 문화를 빛내는 학교의 모습을 강조하고 있다. 과거의 찬란한 민족문화에 이어 현재에서도 시대에 맞게 힘차게 이어간다는 내용이다. 중간 부분은 조선족의 슬기로운 민족의 얼을 이어가지만 동시에 중화문명을 빛내도록 노력하자는 것이다.

---

69 이현정, 「조선족의 종족정체성 형성 과정에 관한 연구」, 『비교문화연구』 제7집 2호, 서울대학교 비교문화연구소, 2001년, 63-64쪽 참조.

70 하얼빈시조선족제1중학교 교가 2절이다. (출처: 하얼빈시조선족제1중학교 1층 현관 게시판)

71 이러한 교가에 해당하는 흑룡강성 벌리조선족중학교 교가 1절이다. 『중국조선족교육』 1990년 12월호에 실린 교가이다.

동트던 중화의 이른 새벽에 민족의 뜻을 담아 일떠선 벌조중
짓밟힌 민족의 문화를 부추켜 이 땅의 화원에 꽃피여왔네
노래하자 벌조중 빛내이자 벌조중 북방의 조선민족 교육의 초소를

이것은 조선족의 문화와 민족의 얼을 인정하면서도 중국이라는 국가를 위해 소수민족인 조선족이 헌신해야 한다는 중국 정부의 교육정책과 매우 유사한 의미를 담고 있다. 마지막 부분은 이러한 두 가지 임무를 수행하는 자랑스러운 학교를 영원히 보전하자고 강조하고 있다.

이러한 교가 속 중화사상의 등장은 중국의 개혁 · 개방 이후 경제적 발전이 조금씩 이루어짐에 따라 중화사상을 통하여 중국 문화에 대한 자부심을 학생들에게 심어주고 동시에 여러 민족들을 통합하여 사회적으로 안정된 국가를 만들려는 것이다. 즉 중국 중심적인 사고를 심어줄 필요가 대두된 것이다. 다민족 다문화인 중국은 중화사상을 중심으로 대단결을 이룰 필요가 있었던 것이다. 이러한 취지는 중화사상을 학생들에게 심어주어야 한다는 학교 교육방침과 결합되어 중화주의가 교가에 표현되기 시작하였다. 중화사상은 문화민족주의로 발전할 수 있으며, 한족을 포함한 중국 내 56개의 소수민족은 중화민족이라는 중화민족론을 대두시켰다. 그 결과 소수민족인 조선족 학생들에게는 민족의 정체성을 약화시켜 한족 동화를 더욱 가속화시키는 결과를 가져왔다.[72]

여기서 우리는 중화민족론과 관련하여 중국의 소수민족교육이 중화민족 다원일체론(中華民族多元一體論)[73]에 입각하여 실시되고 있다는 사

72 조선족 청소년들이 한국에 대한 관심이나 지식이 그리 높지 않은 것은 조선족들이 중국에서 오랜 동안 뿌리를 내리고 살다보니 그 후손들인 청소년들이 선조들에 대해서도 잘 모르고 있고 또한 관심을 가질 기회도 별로 없었기 때문이 아닌가 여겨진다. 김익기 외, "중국의 한민족 청소년 현황 및 생활실태 연구", 한국청소년정책연구원, 2007년, 84쪽 참조.

73 중화민족 다원일체론은 중국의 저명한 사회학자이며 민족학자인 페이샤오퉁(費孝通)이 1988년 홍콩 중문대학에서 개최된 심포지엄에서 '중화민족 다원일체격국(中華民族多元一體格局)'을 통해 중화민족의 개념을 원론적인 수준에서 언급한 이후 중국의 민족학자들이 이를 구체화하는 작업을 거쳐 현재 새로운 중국민족의 개념으로 쓰이는 용어이다. 페이샤오퉁이 다원일체론을 통해 새롭게 제기한 중화민족론은 이후 중국의 민족구조를 설명하는 대표적인 이론으로 자리 잡게 되었다. 중화민족은 중국 영토 내에 존재했던 고금의 모든 민족을 가리키는 용

실을 인지하고 있어야 한다. 중국의 소수민족교육은 중화민족 다원일체론(中華民族 多元一體論)에 입각하여 이를 충실히 수행하기 위한 소수민족 정책의 일환으로 실시되고 있다. 다원일체론에 따르면 한족과 55개 소수민족을 모두 포함하는 중국민족은 한족을 중심으로 하는 하나의 중화민족으로 응집해야 한다. 따라서 중국 소수민족교육은 중화민족의 다원일체화를 목적으로 소수민족문화의 다원성을 인정하는 교육과 중화민족으로의 일체화를 위한 민족단결교육을 중점으로 이루어지고 있다.

중국의 소수민족교육은 겉으로는 민족문화에 대한 정부의 배려를 받고 있지만 실제로는 중국이라는 국가를 하나로 하는 일체에 통합되는 존재를 만들기 위한 교육이다. 따라서 현재 다문화교육이라는 이름으로 진행되고 있는 소수민족교육은 다원(多元)보다는 오히려 일체(一體)를 강조하는 동화주의적인 성격이 강한 다문화교육이다.[74] 그러나 과거에 외부에서 어떤 다른 것이 들어와도 삼켜버리는 블랙홀과도 비유될 수 있었던 중화주의는 이제 자본주의와 결합하여 형태를 달리한 민족주의의 개념으로 나타나고 있다.

현재 중국에서는 사회주의 이데올로기가 통합의 원리로 더 이상 먹혀들지 않게 되면서 역사적 기억을 내장시킨 새로운 형태의 중화민족론이 출현하고 있는데, 이는 인민의 응집력을 높이기 위해 변형된 국민론에 불과하다. 중국 정부로서는 이것이 다시 사회 통합의 원리로

어로 의미가 확대되었다. 이를 구체적으로 분석하면 중화민족은 현재의 중국 땅에 뿌리를 두고 있는 역대의 모든 민족들을 총칭하는 민족의 호칭으로 중화민족은 한족과 소수민족 등 민족의 기원이 다른 모든 영내의 민족을 포괄하는 개념이다. 페이샤오퉁은 또한 "50여 개의 민족은 다원(多元)이고 중화민족은 일체(一體)이다."라고 언급하였는데 '일체(一體)'는 하나의 중화민족으로 단결함을 의미하는 것이다. 김정호, 앞의 논문, 2008년, 105-106쪽 참조.

74 위의 논문, 103쪽.

역할을 해줄 것을 기대하고 있다.[75] 결과적으로 중화사상의 강조는 중국 정부가 실시하고 있는 민족단결교육의 일환인 것이다. 민족단결교육은 1994년 전국의 초중고에서 일제히 시작된 교육으로, 이것의 핵심목표는 한족은 소수민족으로부터 분리될 수 없으며, 소수민족은 한족에서 분리될 수 없으며, 소수민족 간에는 서로 분리될 수 없다는 '三個離不開'이다. 이처럼 중국 정부는 애국주의 교육의 연장 선상에서 각 급 학교의 학생들에게 중국 내 여러 민족에 대한 기본적인 지식을 가르치고 이를 통해 각 민족을 이해하는 동시에 더 나아가 중국의 모든 민족은 중화민족이라는 하나의 민족으로 통합되어야 함을 강조하고 있다.[76]

결론적으로, 중국 흑룡강성 조선족학교 교가 가사에서는 조선족 자체의 민족정체성을 고취할 만한 민족의식 고취를 위한 내용이 많이 존재하였다. 하지만 이러한 민족의식 고취는 대부분이 조선족의 우수한 전통문화를 강조하고 있지만 그것은 중화라는 테두리 안에서 이루어져야 하는 한계를 가지고 있었다.

3) 공산당 찬양

중국 공산당의 최대 업적 중 하나가 중국 인민 대다수에게 정치의식을 심어준 것이며, 이것은 분산된 대중의 정치적 통합을 목표로 삼았다.[77] 교가에서도 정치적 통합을 위해 학생들에게 공산당의 긍정적

75 위의 논문.

76 위의 논문, 123쪽 참조.

77 레이초우, 『디아스포라의 지식인』, 이산, 2005년, 128-129쪽 참조.

인 모습을 보여주고자 하였고, 그 결과 조선족학교 교가 가사에서 공산당에 대한 찬양을 가장 많이 표현하였다. 이러한 교가는 주로 1949년 중화인민공화국이 성립한 이후부터 개혁 · 개방정책이 실시되기 전까지 창작되었다. 이 시기 중국은 사회주의 국가로서 공식적으로는 궁극적 목표를 무계급 공산사회를 건설하는 데 두고 이를 위해 과도기적으로 사회주의하의 공산당 일당 독재를 실시하였다. 또한 중국 정치는 공산당 내에서의 노선을 통한 대립과 갈등의 양상으로 전개되어 왔는데, 공산주의 이데올로기를 우선시하는 노선과 실용주의 노선 간의 갈등이 그 중심적인 축을 이루어왔다.

공산주의 이데올로기를 우선시하는 노선은 평등과 계급투쟁을 강조하면서 계속 혁명을 추구하고 당의 관료주의화에 반대하며 군중의 힘으로 사회발전을 주도해야 한다고 주장한다. 또한 공산당을 중심으로 사회가 통합해야 한다는 사회 통합의 원리로 사용하였다. 실용주의 노선을 우선시하는 노선은 능률을 지향하면서 현대화 또는 과학기술과 전문성을 강조하고 생산력 증대를 중시하는 노선이다. 물론 이 대립과 갈등은 공산당 독재와 사회주의 고수라는 범위에서 이루어진 것이며, 공산당에 의한 건국 이후 중국의 현대사는 이 두 노선이 연속적으로 그리고 반복적으로 나타나면서 전개되었다.

이러한 중국 현대사에 나타난 정치적인 모습들은 조선족학교 교가에도 그대로 나타났는데, 교가 가사 속에서 공산주의 이데올로기 선전과 현대화, 과학기술, 성실한 노동자 등을 강조한 표현들을 많이 사용하였다. 여기서 주목해야 하는 점은 이러한 두 가지 방향으로 전개된 조선족학교 교가 속 공산당 찬양은 스스로 매우 위험한 함정을 지니고 있다는 사실이다. 즉 정치적 색깔이 농후한 공산당 찬양의 교가를 가진 조선족학교는 권력의 도구를 만들어낼 뿐 교양 있고 자주적인 학생을 배출하려 노력하지 않는다는 것이다. 그 결과 학생들은 당의 결정에 무조건적으로 따르게 되고, 스스로 판단하고 생각할 능력은 없어진다. 이에 학생들은 다른 사람의 목적에 사용될 온순한 도구가 된 것에 만족해야 한다. 다음은 공산당을 찬양하고 있는 중국 흑룡강성 밀산시조선족중학교 교가이다.[78]

> 봉밀산 우뚝 솟은 조국 변강에 근로의 교풍 이은 신형의 로동자
> 공산주의 설계도를 한 가슴에 안고 찬란한 당의 기치 높이 들고 나간다
> 아, 영광스런 밀산조선중학 교육방침 빛발 아래 길이 번영하리

밀산시조선족중학교 교가의 특징은 실용주의적 노선을 가지고 새로운 노동자를 양성하면서 현대화와 과학기술을 바탕으로 발전한 조국을 건설하려는 의도를 엿볼 수 있다는 점이다.[79]

도입부는 학교가 위치한 봉밀산이라는 조국 변강을 설명하면서 이 학교의 교풍이 근로라고 강조한다. 그곳에서 학습하는 학생들을 사회주의가 원하는 새로운 노동자라고 말하고 있다. 즉 학교에서 사회주의 건설을 위한 성실한 노동자 양성을 목표로 삼고 있다. 중간 부분은 도입부에서 언급한 새로운 노동자가 펼치는 행위를 묘사하고 있다. 몸으로는 조국 현대화에 필요한 과학적 기술인 공산주의 설계도를 가슴

---

78 밀산시조선족중학교 교가 1절이다. (출처: 밀산시조선족중학교 1층 현관 게시판)

79 이러한 교가에 해당하는 흑룡강성 목단강시조선족중학교 교가 3절이다. 이 학교 교장선생님이 제공하였다.

> 목단강 하늘가에 찬란한 불빛은 새 위훈 떨쳐가는 불꽃이런가
> 현대화 설계도를 수놓는 배움터 공산주의 앞날에로 활개쳐나가네
> 아, 영광스런 우리의 목조중 력사의 사명 안고 길이 빛나라

에 안았고, 머리로는 절대 충성의 당의 기치를 따른다는 것이다. 교가에서 많이 보이는 설계도라는 표현은 중국 정부가 추진하는 현대화 사업이 과학기술을 바탕으로 이루어지고 있다는 것을 강조한 것이라고 할 수 있다. 등소평은 사회주의 현대화 건설을 위한 전략에서 경제 발전을 하자면 반드시 과학기술과 교육에 의지해야 한다고 주장하였다. 그는 교육이 과학기술을 진보시키고 경제를 발전시키는 중요한 작업을 한다는 것에 대해서 조금도 의심하지 않았다.[80] 마지막 부분은 이 모든 것이 행해지고 있는 학교 이름을 강조하면서 학교의 번영 역시 공산정권의 교육방침 아래 이루어지기를 기원하고 있다.

다음은 흑룡강성 계동현조선족중학교 교가이다.[81]

따사로운 당의 해살 앞길 비추니 행복한 학습생활 주렁지는 곳
자애론 원예사의 보살핌 속에 새일대 자라나는 행복의 요람
나아가자 동무야 교풍을 빛내며 배움의 만리길에 나래 펼치자

계동현조선족중학교 교가는 공산당을 찬양하는 표현 방법에 있어 현대화, 과학기술, 성실한 노동자 등을 강조한 방법과는 달리 공산주의 이데올로기 선전을 강조한 방법이다.

도입부를 보면, 교가의 시작과 동시에 '따사로운 당의 해살'이라는 비유를 통해 공산당을 선전하고 있다. 이러한 따뜻한 당의 해살은 학생들의 앞길을 보살펴주고 이러한 보살핌 속에 행복하게 학습하고 있다는 것이다. 중간 부분은 공산당의 해살이 원예사의 보살핌으로 보다

80 구자억, 앞의 논문, 1997년, 9쪽.

81 계동현조선족중학교 교가 2절이다. (출처: 계동현조선족중학교 1층 현관 게시판)

구체화되어 묘사되어 있다. 여기서 자애로운 원예사란 당의 해살의 전도사인 학교에 근무하는 선생님을 가리킨다. 이러한 원예사의 보살핌 속에 역시 행복하게 공부하고 있다는 것이다. 마지막 부분은 공산주의 사상의 영향을 받은 동무들이 학교가 내세운 교풍을 빛내고 배움의 길을 한없이 펼쳐가자는 내용이다. 여기서 강조한 공산당 찬양으로서의 이데올로기 선전은 '공산당'이라는 표현을 많이 사용하고 있다.

이러한 이유는 학교 교육과정에서 공산당은 인민을 위해 일한다는 긍정적 이미지를 구축했기 때문이다. 다시 말해, 조선족학교 교가에 나타난 사회주의 찬양은 대부분이 공산당의 따뜻한 품속에서 어린 학생들이 행복하게 잘 자라나고 있다는 '공산당 햇살론'을 펴고 있다. 이에 따라 배움의 요람인 학교에서는 국가가 주는 사랑에 보답하고자 국가가 원하는 학생, 국가를 위한 학생들의 양성이 무엇보다도 중요한 임무라고 표현하였다.[82]

결론적으로, 조선족학교 교가 가사에서 나타난 공산당 찬양은 학생들에게 공산주의 이데올로기를 선전하는 동시에 조국의 현대화는 과학기술을 통해 학생들이 성실한 노동자가 되어 이룩한다는 메시지를 표현하고 있다. 이러한 교가의 사회적 배경은 중국이 처한 당시의 상황을 잘 설명해준다고 할 수 있겠다. 당시 등소평은 중국의 현대화를 설계하는 과정에서 현대화 건설과 과학기술 그리고 교육의 삼자가 유기적으로 결합해야 하며, 이 과정에서 사람들은 교육의 중요성을 인식해야 한다고 요구하고, 과학과 교육의 작용을 이야기하는 과정에서 교육과 과학이 경제건설을 중심으로 해야 한다고 주장하였다.[83] 이에

82 안병삼, 앞의 논문, 2013a년, 101쪽 참조.

83 구자억, 앞의 논문, 1997년, 8쪽.

학교에서는 공산주의 이데올로기 선전을 통한 단결과 중국의 현대화를 실현할 과학기술의 강조가 필요했던 것이다.

5. 맺음말

본 연구는 필자가 중국 현지조사에서 수집한 중국 흑룡강성 조선족학교의 교가 47개를 대상으로 연구를 진행하였다.

연구대상 흑룡강성 조선족학교 교가는 하얼빈지구 교가 15개, 목단강지구 교가 14개, 계서지구 교가 7개, 칠대하지구 교가 1개, 가목사지구 교가 2개, 이춘지구 교가 2개, 학강지구 교가 1개, 수화지구 교가 3개, 치치하얼지구 교가 2개 등이었다.

이들의 창작연대는 1990년대 창작된 교가가 11개로 창작연대가 확인된 교가 중 가장 많은 수를 차지하였고, 그 다음으로 1980년대 창작된 교가가 8개였다. 이 외에도 2000년대 창작된 교가 4개, 1940년대 창작된 교가 3개, 1950년대 창작된 교가 2개, 그리고 1920년대, 1930년대, 1960년대 창작된 교가가 각각 1개였다. 미확인 교가도 16개로 가장 많은 수를 차지하였다.

연구대상 47개 중 현존하는 조선족학교 교가는 29개였고 이미 폐교된 조선족학교 교가는 18개였다. 연구대상 흑룡강성 조선족학교 47개교의 교가를 작곡한 사람은 미상을 제외하면 모두 43명이었다. 43명의 작곡가가 중 가장 많은 흑룡강성 조선족학교 교가를 작곡한 사람은 심상문으로 모두 4개교의 교가를 작곡하였다. 심상문과 장희봉, 백호연을 제외하고 연구대상 흑룡강성 조선족학교 교가를 작곡한 사람은 모두 1개교의 교가를 작곡하였다.

작곡가를 통하여 알 수 있는 특징은 첫째, 조선족학교 교가의 작곡가는 다작(多作)하지 않았다. 그 이유는 교가 창작에 있어 주도적인 역할을 하는 사람들이 그 학교에 근무하는 교원이기 때문이다. 둘째, 개인이 홀로 작업한 작곡이 많았다. 연구대상인 흑룡강성 조선족학교 교가에서는 대부분이 1인 작곡가 작품이었다. 두 명이 함께 작곡한 교가는 5곡에 불과하였고, 두 명 이상이 참여한 작곡과 집체가 작곡한 것은 1곡도 없었다. 셋째, 작곡가 미상인 조선족학교 교가가 많았다. 작곡가 미상은 모두 3곡이었고, 이들 3곡은 모두 오래 전에 이미 폐교된 조선족학교 교가라는 공통점을 가지고 있다.

연구대상 흑룡강성 조선족학교 47개교의 교가를 작사한 사람은 미상과 집체 등의 작사를 제외하면 모두 39명이었다. 39명의 작사가가 중 가장 많은 흑룡강성 조선족학교 교가를 작사한 사람은 강효삼과 백호연으로 각각 2개교의 교가를 작사하였다. 이들 두 사람을 제외하고는 모두 한 학교의 교가만을 작사하였다.

작사가를 통하여 알 수 있는 특징은 첫째, 조선족학교 교가의 작사가 역시 작곡가와 마찬가지로 다작(多作)하지 않았다. 조선족학교 교가의 작사가도 대부분이 1곡을 작사하였다. 둘째, 작곡과 마찬가지로 작사도 개인이 홀로 작업한 경우가 절대적으로 많았다. 두 명이 함께 작사한 교가는 수화시 홍화조선족향소학교와 가목사시 조선족중학교의 교가 2곡에 불과하였다. 셋째, 교가에 제목을 둔 경우가 있었다. 연구대상 흑룡강성 조선족학교 교가 작사가 중 16명은 교가에 맞는 교가의 제목을 지었다. 이 16명 중 누구인지 모르는 미상이 1명이고, 집체가 작사인 것이 하나 있다.

연구대상 흑룡강성 조선족학교 교가 가사를 보면, 가사가 1절인 조선족학교 교가는 모두 10개였다. 가사가 2절인 조선족학교 교가는

30개로 가장 많은 비중을 차지하였고 가사가 3절인 조선족학교 교가는 5개였다. 이 외에도 알 수 없는 미상의 교가가 2개였다. 연구대상 흑룡강성 조선족학교 교가의 박자 중에는 4/4박자의 곡이 30개로 가장 많은 수를 차지하였다. 연구대상 47개교의 교가 중에는 중간에 악곡이 변하는 변박자로 구성된 교가도 3개가 포함되어 있었다. 2/4박자는 9개였고 6/8박자는 1개가 있었다.

흑룡강성 조선족학교 교가의 가사에 나타난 인명은 전혀 없었고, 지명은 모두 30여 곳이었다. 특히 흑룡강성 조선족학교 교가 속에서는 학교가 위치한 곳에 있는 강의 이름을 산의 이름보다 더욱 많이 사용하였다. 교가 속에서 가장 많이 언급된 강은 (흑)룡강과 송화강이었다. 흑룡강성 조선족학교 교가에 나타난 사회주의 용어는 모두 12개의 학교에서 12개 용어를 사용하였다. 사회주의 용어 중에서 가장 많이 등장한 것은 '공산주의'로 모두 3개교의 교가에서 나타났다. 그 다음으로 많이 등장한 단어는 붉은색을 가리키는 것과 '인민'이었다. 민족주의 용어의 사용을 보면, 모두 21개의 조선족학교 교가에서 민족주의 용어를 사용하였고, 민족주의 용어 중에서 가장 많이 사용된 용어는 '겨레'로 11개교에서 14번 나온다. 그 다음으로 많이 사용된 용어는 '민족'으로 7개교에서 9번 나온다.

흑룡강성 조선족학교 교가는 다음과 같은 세 가지 내용을 가지고 있었다. 첫째, 배움(터)의 중요성 강조이다. 여기서 주의해야 하는 사실은 배움(터)의 강조가 모든 시대를 아우를 수 있는 학교 본연의 의무이라고 순수하게 생각할 수 있지만 중국 조선족학교 교가에 나타난 한 배움(터)의 강조는 이중적인 성격을 가지고 있다는 것이다. 하나는 배움(터)의 중요성을 강조한 조선족학교 교가가 순수하게 학생들이 공부하는 장소 혹은 학생들이 열심히 공부해야 한다는 당위성을 강조한 것이어서 정치적인 색채를 배제한 것으로 볼 수 있다는 것이다. 또 다른 하나는 중국의 개혁·개방 이후 등소평의 실사구시 정신에 따라서 경제를 발전시키기 위해 교육을 발전시켜야 한다는 중국 정부의 교육정책을 반영한 것으로, 사회주의적 인간양성과 경제발전을 목표로 등장했다는 것이다. 또한 이러한 시대적 요구인 배움(터)의 중요성 강조 교가는 중학교 교가보다는 소학교 교가에서 집중적으로 나타나는 특징을 가지고 있었다.

둘째, 민족의식 고취이다. 타국에서 살아가는 조선족은 자신의 민족정체성 유지를 위해 조선족학교에서 민족의식 고취를 위한 교육을 실시하였다. 그러나 조선족학교 교가에서 나타난 민족의식 고취는 시대마다 약간의 차이점을 지니고 있었다. 흑룡강성 조선족학교 교가에 나타난 민족의식 고취는 크게 두 가지로 나눌 수 있었다. 하나는 주로 1945년 일제 패망 이전에 조선족학교 교가를 통해 교육한 것으로, 다른 민족이나 국가를 고려하지 않고 오직 순수한 우리 민족의식을 배양하는 것이 교육의 목적이었다.

또 다른 하나는 중화인민공화국 성립 이후에 교가에 나타난 민족의식이다. 이 시기는 중국 내 소수민족으로서 다른 민족 문화와 조화롭게 어울릴 수 있는 우리 고유의 문화를 계승·발전시키기 위한 민족정체성을 말한다. 동시에 유구한 역사를 지닌 자랑스러운 민족이라는 민족의 자부심을 지니도록 하는 것이다. 이러한 교가 속 중화사상의 등장은 중국의 개혁·개방 이후 경제적 발전이 조금씩 이루어짐에 따라 중화사상을 통하여 중국 문화에 대한 자부심을 학생들에게 심어주고 동시에 여러 민족들을 통합하여 사회적으로 안정된 국가를 만들려는 것이다. 이러한 취지는 많은 학교에서도 중화사상을 학생들에게 심어주어야 한다는 생각과 결합되어 중화주의가 교가에 표현되기 시작하였다. 그 결과 소수민족인 조선족 학생들에게는 민족의 정체성을 약화시켜 한족 동화를 더욱 가속화시키는 결과를 가져왔다.

셋째, 공산당 찬양이다. 흑룡강성 조선족학교 교가 가사 속에서 나타난 공산당 찬양은 크게 두 가지 성격을 지니고 있다. 하나는 공산주의 이데올로기 선전이고 또 다른 하나는 현대화, 과학기술, 성실한 노동자 등을 강조한 것이다. 그 결과 학생들은 당의 결정에 무조건적으로 따르게 되고, 스스로 판단하고 생각할 능력은 없어진다. 이에 학생들은 다른 사람의 목적에 사용될 온순한 도구가 된 것에 만족해야 한다.

조선족교육이 번성했던 시기에는 흑룡강성에 조선족학교가 500여 개교가 넘었다. 하지만 현재 흑룡강성 조선족학교는 50여 개교도 남지 않았다. 이러한 조선족학교의 붕괴 속에 학교 정신을 담고 있는 교가도 함께 사라져갔다. 이에 한국과 중국 연구자들의 급속히 사라져가는 조선족학교의 교가에 대한 관심이 그 어느 때보다도 절실하다고 하겠다. 이러한 연구는 또한 중국의 조선족에 대한 다양한 연구로 연결되어 한국학 연구 영역의 확장을 가져올 수 있다. 앞으로 사라져간 조선족학교의 교가에 대해 체계적인 관리 및 연구가 활발하게 진행되기를 바란다.

Ⅱ

중국 조선족학교 교가에 나타난 한민족 공동체의식

1. 머리말

21세기를 살아가는 현재, 한국인에게도 조선족 자신들에게도 중국에서 터전을 잡고 오랫동안 살아온 한민족인 조선족에 대해 다양한 생각을 가지고 있는 것이 사실이다. 첫 인식의 경이와 반가움, 민족애, 상처, 충격, 분노, 배반감 등 이러한 작금의 조선족에 대한 혼란스러움은 1992년 한 · 중 수교를 전후로 갑자기 밀려들어온 조선족들의 한국 입국과 더불어 시작되어 현재까지도 진행되고 있다. 이러한 혼란스러움은 쉽게 해결되지 않을 것이며, 또한 이러한 혼란스러움으로 인해 한국인과 조선족은 뭔가 모를 거리감을 느끼게 되었다. 서로의 민족적 동일시를 위한 노력이 없다면, 앞으로 이런 감정을 안고 살아가야 할지도 모른다.

그러나 19세기 말만 해도 조선족은 먹고 살기 위해 새로운 땅을 찾아 한반도를 떠나 중국으로 이주한 우리 한민족의 일원인 조선의 백성이었고, 20세기 초에도 일본 제국주의의 핍박을 피해 만주로 떠난 우리 한민족의 일원이었다. 그들은 비록 서로 다른 지역에서 살고 있었지만 모국과 같은 언어를 사용하였고, 같은 옷을 입었고, 같은 음식을 먹었고, 같은 명절을 보내면서 살아가는 서로 같은 민족이자 같은 문화를 가진 한민족이라는 사실을 서로 공유하고 있었다. 그들은 민족적 동질성을 유지하기 위해 다양한 방식으로 끊임없이 노력하였다. 그 이후, 한민족이 살던 만주에는 중화인민공화국이 성립되었고, 조선족은 지금까지 중국이라는 큰 나라의 일원이 되어 그들만의 문화를 지키며 살아오고 있다. 그들은 도처에 집성촌을 이루며 함께 모여 살면서 상부상조하는 민족적 전통을 지켰으며, 자신의 민족정체성[1]을 지키기 위해 조선족학교를 세워 우리의 말과 글을 가르쳤다. 하지만 21세기가 된 지금 젊은 세대에서 나타난 민족정체성에 대한 혼란과 상실은 심각한 문제로 대두되고 있다.

아무튼 조선족은 지금까지 지속적으로 타국에서 시대에 따라 자신에게 필요한 민족정체성 유지를 위한 노력을 기울이며 살아왔으며,[2] 이러한 노력의 중심에는 조선족학교가 있었다. 교육을 통해 재탄생하는 것이 인간이라고 한다면 조선족의 시대별 정체성 형성에 있어 조선족학교에서의 교육은 절대적인 영향을 끼쳤을 것이다. 조선족 이주 초기부터 마을마다 세워진 조선족학교는 어린 조선족 학생들에게 우리의 말과 글을 가르치며 민족정체성을 고취시켰다.

본 연구에서는 조선족학교에서 이루어진 수많은 교육 중에서 교가에 집중하였다. 교가란, 학교를 상징하는 노래이며, 교가에는 그 시대를 배경으로 한 학교의 교육 정신이나 목표 및 특성 등이 담겨 있다. 교가는 학생들로 하여금 애교심을 길러주고, 동시에 학교에 대한 소속감과 협동심을 기르기 위해 학교가 특별히 제정하여 학생들에게 부르

1 해외 이민자들의 정체성은 일차적으로 국가의식과 민족의식으로 나누어 살피는 것이 보통이다. 국가의식은 스스로를 어느 나라 국민으로 간주하느냐의 문제이고 민족의식은 자신의 종족적 내지 문화적 귀속의식을 뜻한다. 중국 조선족의 경우, 스스로를 중국의 국민인 조선족으로 여기고 자신을 북한 사람이나 남한 사람들과는 구분하여 중국 사람으로 여긴다. 따라서 조선족 정체성의 주요 요소는 당연히 민족정체성에서 찾아야 할 것이다. 권태환 편, 『중국 조선족사회의 변화: 1990년 이후를 중심으로』, 서울대학교 출판부, 2005년, 119-126쪽 참조.

2 중국 조선족은 크게 보아 3단계를 거치면서 자신의 집단정체성을 유지 · 변화시켜왔다. 일제 침략시대, 신중국 건설 이후 개혁개방이 본격적으로 효과를 나타내기 시작한 1980년대 말에 이르는 시기, 그리고 한국과 중국의 본격적인 교류가 시작된 1990년 이후부터 현재까지가 이들 각 단계에 해당한다. 위의 책, 140-141쪽.

게 하는 노래이다. 특히 중국 조선족학교에서는 시대적 배경에 따라 서로 다른 교가를 만들어 학생들에게 부르게 하였다. 일본이 한반도 및 중국 동북지역을 점령하였을 때에는 반일민족독립 정신과 민족해방을 노래하였고 중화인민공화국이 성립한 이후에는 타국에서 사는 소수민족으로서 한민족의 문화 선양과 민족의식 고취를 노래하여 한민족의 동질성을 추구하였다.[3]

그럼, 조선족은 교가를 통해 어떻게 민족정체성을 유지하려고 노력하였을까? 민족정체성은 다른 민족과의 차별성을 부각시키는 대신에 같은 민족이라 여기는 집단에 대해서 동질성을 강조하는 경향이 있다.[4] 본 연구는 중국 조선족학교 교가가 조선족 정체성 유지를 위해 민족의 동질성, 즉 모국과의 동일시를 추구하여 한민족 공동체의식을 고취시켰다는 사실을 고찰하고자 한다. 본 연구에서 말하는 한민족 공동체의식이란, 조선족이 타국에 살면서도 한민족으로서의 의식을 가지고 혹은 가지기 위해 모국과의 동일시를 추구하는 모습을 말한다. 본 연구에서는 조선족학교 교가를 통해 이러한 모습을 찾아보고자 한다. 이러한 작업은 중국에 거주하는 많은 조선족들이 어떻게 현재의 민족정체성을 갖게 되었는지 파악할 수 있는 하나의 단서가 될 수 있을 것이다. 이를 위해 연구대상인 조선족학교의 교가는 현존하는 조선족학교 교가와 이미 폐교된 조선족학교 교가를 모두 포함하였다.[5]

조선족학교 교가에 나타난 조선족의 모국과의 동일시 현상은 비록

---

3 안병삼, 앞의 논문, 2011c년, 370-371쪽 참조.

4 정영훈, 「민족정체성, 그리고 한민족의 민족정체성」, 『민족학연구』 제9호, 한국민족학회, 2010년, 6쪽 참조.

5 연구대상 조선족학교 교가는 모두 214개이다. 길림성 조선족학교 교가 130개, 흑룡강성 조선족학교 교가 47개, 요녕성 조선족학교 교가 37개이다. 이 교가에는 유치원 원가, 초등학교 교가, 중학교 교가, 고등학교 교가, 대학교 교가 등이 포함되어 있다.

민족은 한반도와 분리되어 있지만 조선족도 같은 한민족의 뿌리를 두고 있으며 같은 역사, 같은 민족, 같은 문화를 공유한다는 사실을 학생들에게 가르친 것이다. 이러한 민족적 동일시를 통해 형성된 한민족 공동체의식은 조선족의 민족정체성을 유지하는 기초가 되었다. 다시 말해, 민족정체성이 성원들 사이에 공유되어 있는 민족적 특성과 개성을 의미한다면[6] 지금까지 중국 조선족들 사이에 공유되고 있는 한민족 특성과 개성은 이러한 한민족 공동체의식을 바탕으로 한 것이다.

지금까지 국내외에서 조선족의 민족정체성에 대한 연구는 매우 많이 진행되고 있는 실정이다. 하지만 중국 조선족학교 교가를 대상으로 한 민족정체성의 연구나 혹은 민족정체성의 실현과정에서 나타난 조선족의 민족적 동일시 현상을 통한 한민족 공동체의식에 대한 연구는 거의 이루어지지 않고 있다. 이에 본 연구는 조선족들이 조선족학교 교가를 통해 어떻게 한민족으로서 공통적인 의식을 갖고자 하였는지 알 수 있는 새로운 시도가 될 것이다.

본 연구는 조선족학교 교가에 나타난 조선족의 한민족 동일시 현상에 따라 형성된 한민족 공동체의식을 고찰하고자 한다. 이는 조선족학교 교가를 통하여 지금의 조선족의 민족정체성을 분석하는 하나의 시도이며, 지금의 조선족 민족정체성을 가지게 된 하나의 원인에 대한 분석이기도 하다.

6 리상우, 「개혁기 중국조선족사회의 정체성에 대한 고찰: 구심력과 원심력을 중심으로」, 『동아연구』 제53집, 2007년, 455쪽 참조.

2. 조선족학교 교가에 나타난 한민족 공동체의식

인간은 교육을 통해 또 다른 인간으로 성장 · 발전해나갈 수 있는 존재인 동시에, 지속적으로 학습하는 호모 아카데미쿠스(Homo Academicus)이다. 인간은 교육에 변화되고 실현될 수 있는 잠재성과 가소성을 지닌 존재로서, 이 두 가지 존재의 의미는 인간의 전제 조건 자체가 교육을 요구하고 있으며, 교육을 통해서 인간으로서 성장과 발달을 이룰 수 있다는 점이다.

이러한 점에서 조선족학교가 교육을 통해서 조선족들에게 조선족 정체성을 확고하게 가지고 성장해나갈 수 있는 토대를 제공했다는 점은 명확하다. 위에서도 언급했듯이 조선족의 민족정체성 유지에 가장 큰 역할을 한 곳은 바로 조선족학교이다. 조선족학교에서는 여러 교육을 통해 조선족 학생들의 정신세계에 영향을 주었고 그들의 민족정체성 형성에 큰 영향을 끼쳤다. 특히 조선족학교의 교가 교육을 통해 이루어진 민족적 동일시는 민족정체성 유지를 위한 좋은 방법이었다. 이러한 방법으로 교육된 교가 속에는 모국에 있는 한민족의 모든 것과 닮아가려는 일종의 동일시 현상이 존재하였다. 이러한 한민족의 닮음 추구는 타국에서 살고 있지만 조선족은 한족이 아니라 한민족이라는 사상이 바탕이 된 것이다.

민족정체성은 우리 민족과 다른 민족을 명백히 구분하는 데서 출발한다. 일제강점기에는 일본인, 만주인과의 강한 구분의식이 있었고,

신중국 건설 이후에는 조선족은 한족과의 비교를 통해 자신을 끊임없이 확인하며 살아왔다.[7] 민족정체성을 민족의식이라는 차원에서 이해한다 할 때는 그것은 같은 민족 성원들에 대해 느끼는 동질성 의식-동포의식과 함께 자기 민족이 다른 민족과는 다르다는 차별성 인식의 두 측면을 동반하기 마련이다.[8]

이렇듯 조선족학교 교가에 나타난 한민족 공동체의식에는 시대마다 서로 다른 모국의 한민족에 대한 동일시 현상이 나타나는 특징을 가지고 있었다. 본 장에서는 조선족학교 교가에 나타난 조선족의 여러 동일시 현상을 통해 한민족 공동체의식에 대해 고찰하고자 한다.

1) 종족적 동일시

한민족의 시조는 단군이다. 조선족 역시 단군의 후손이라는 사실을 잘 알고 있다. 이것은 한민족 시조 단군에 대해서 어렸을 때부터 단군신화를 배워왔기 때문이다. 중국 조선족학교 교가에서 단군을 언급하는 것은 조선족 자신 역시 한민족의 후세라는 종족적(유전적) 동일시를 표현한 것으로, 비록 모국과는 떨어져 있어도 타국에 사는 자신들도 모국에 살고 있는 사람들과 같은 단군의 후손이라는 것을 말하고자 한 것이다.[9] 이것이 바로 단군을 이용한 민족 뿌리의 동질성 추구인

7 권태환 편, 앞의 책, 2005년, 141쪽.

8 정영훈, 앞의 논문, 2010년, 5-6쪽 참조.

9 한민족을 모두 단군의 자손으로 일컫거나 단일 민족이라 부르는 데에는 많은 생략과 단순화가 수반되어 있다 하겠다. 단군 조선 이후에 유입되어 한민족에 편입된 사람들이 적지 않고, 그 문화 역시 외래문화와 외래문화와의 교류 속에 형성되어왔기 때문이다. 따라서 한민족을 단일민족이나 단군의 자손이라 말해온 것은, 한민족이 단군이라는 단일의 출발점에서 시작되

종족적 동일시이며, 이러한 동일시 현상을 통해 한민족 공동체의식을 형성할 수 있었고, 이러한 한민족 공동체의식은 조선족의 민족정체성 형성에 큰 영향을 끼쳤다고 할 수 있겠다.

그럼, 단군이 등장하는 중국 조선족학교 교가를 살펴보자. 아래는 창동학원(昌東學院) 교가이다.[10] 이 학교는 1908년 창동소학교를 개교한 뒤 1912년 중학부를 신설하면서 창동학원이라고 교명을 바꾸었다. 이 교가에는 '한배검(단군)'이 등장한다.

(1절) 한줄기 뻗친 맥줄 흰뫼 아래 한배검이 처음 닦은 굳고 굳은 터
그 위에 우뚝 솟은 우리 창동은 인류문화 발전하려 떨쳐나섰다.
(2절) 여기저기 배달나라 남녀제씨들 애를 쓰고 힘들여 거둬 기틀제
피어린 력사로써 거름을 주어 사랑스런 강토에 다시 보내자.
(후렴) 참스럽다 착하다 아름다와라, 정신은 자유 리상은 독립

이 교가에서 흰뫼는 백두산이고, 한배검(韓倍儉)은 고조선을 개국한 시조 단군이다. 백두산과 한민족의 시조 단군은 한민족이라면 누구나 말하지 않아도 가슴으로 느끼는 민족 상징의 신성한 장소와 민족의 뿌리이다. 이러한 한민족 상징의 두 가지를 결부시킨 것은 누가 보아도 조선족을 한민족의 후예로 보고 있다는 것을 알 수 있다. 이러한 민족 뿌리를 같이 보는 종족적 동일시는 당시 일제침략의 어려움에 처한 모국의 한민족과 같이 빼앗긴 나라를 되찾기 위해 노력해야 한

어 다른 요소들의 섞임이 전혀 없이 그 후손들로만 이어져왔다는 의미라기보다는, 민족적으로 공유되어 있는 동질성과 공동 운명성을 강조하여 사용한 표현이라 이해해야 할 것이다. 위의 논문, 25쪽.

10 중국조선민족교육사료집 편찬위원회, 『중국조선민족교육사료집』 1, 연변교육출판사, 2000년, 299쪽 참조.

다는 역사적 사명의 동일시까지 발전하게 된다. 다시 말해, 일제의 무력에 직면하여 나라의 힘을 키우는 노력은 모든 한민족의 사명이라고 교육시키고 있는 것이다. 한반도에 있건 만주에 있건 같은 한민족들은 투철한 민족의식을 가지고 민족의 미래를 위해 봉사해야 한다는 것이다.

이 교가에 나타난 모국에 대한 사랑과 그리움, 한민족의 사명, 한민족의 상징, 한민족의 시조 등을 통해 나타난 종족적 동일시는 한민족 공동체의식을 통해 조선족의 민족의식을 고취시켰으며, 교가의 첫머리에 '백두산', '단군' 등의 단어를 사용함으로써 우리 한민족의 얼을 강조하고 민족적 자부심을 드높였다.

단군을 통하여 종족적 동일시를 표현한 또 다른 교가로는 명동학교(明東學校) 교가가 있다. 1908년 4월 27일 개교한 명동학교는 첫해에 42명을 모집하였고 1910년에는 중학부까지 증설되었다. 1911년 3월에는 여성교육의 필요성을 느끼고 여학부를 두었는데 이것은 당시 연변지구에서 처음으로 실시된 여성학교 교육이었다. 1925년 용정의 은진중학교와 통합되어 문을 닫게 되기까지 18년간 무려 1,000여 명의 청년 학생들이 졸업하였다. 윤동주 시인뿐만 아니라 영화 〈아리랑〉을 제작한 나운규, 한국인 최초의 항공기 조종사 서왈보 등이 명동학교 출신이다.[11] 다음은 명동학교 교가이다.[12]

(1절) 한뫼가 우뚝코 은택이 호대한 한배검의 깃치신 이 터에
그 씨와 크신 뜻 넓히고 기르는 나의 명동

---

11 안병삼, 앞의 논문, 2011b년, 308쪽 참조.

12 연변대학 조선문학연구소 편, 『20세기중국조선족문학사료전집』 항일가요, 연변인민출판사, 2009년, 354쪽.

(2절) 웅장한 조상피 이속에 흐르니 아무런 일 겁낼 것 없구나
정신은 자유요 의기가 용감한 나의 명동

이 교가 역시 1절에서 민족의 상징 한뫼(백두산)가 등장하고 한민족 시조인 한배검(단군)을 통하여 민족의 우수한 민족정기를 표현하고 있다. 2절에서는 한민족 시조 단군의 피가 조선족 자신에게도 흐르고 있음을 강조하였다. 이러한 종족적 동일시는 후세인 조선족에게 용기와 희망을 주는 절대적 힘도 가지고 있음을 암시하였다. 이러한 내용들은 조선족 학생들에게 자신이 한민족이라는 공동체의식을 심어주어 민족정체성 형성을 하는 데 큰 역할을 한다고 할 수 있겠다.

결론적으로 이 교가는 우리 한민족의 시조인 단군을 직접 언급하여 한반도에 사는 민족과 더불어 만주에 사는 조선족 역시 단군의 자손으로 반만 년의 역사를 지닌 우수한 민족이라는 것을 자각하게 하였다. 또한 단군의 피가 흐르는 한민족 조선족은 우수한 혈통을 가지고 있다고 직접적으로 종족적 동일시를 표현하였다. 이 교가는 지금까지 곡조를 알지 못하다가 최근 복원되어 일반에 공개되었다.[13]

---

13 규암김약연기념사업회(회장 윤병석)는 대한민국역사박물관(관장 김왕식)과 공동으로 오는 2013년 4월 27일 역사박물관 6층 강의실에서 '국외 민족운동의 요람 명동학교'를 주제로 학술회의를 열고 민경찬 한국예술종합학교 음악원 교수가 명동학교 교가의 곡조로 사용된 원곡의 유입과정과 음악적 특징을 살펴보고 악보도 복원해 첫 공개하였다. 교가 복원 작업은 명동촌에서 살았던 고 문익환 목사의 모친 김신묵 씨가 생전에 남긴 증언과 메모를 바탕으로 이루어졌다. 민 교수는 "찬송가 '피난처 있으니 환난을 당한 자 이리 오자'의 곡조에 가사를 붙여 교가를 불렀다는 김 할머니의 말씀에 따라 조사해본 결과, 당시 북간도 일대에서 널리 불리던 〈피난쳐 잇스니〉의 곡조에 '6-6-4/6-6-6-4'의 운율에 맞춰 애족의 정신과 애교심을 고취시키는 내용의 가사를 '노가바식'으로 붙여 만든 것이었다."고 말했다. 〈피난쳐 잇스니〉는 당시 〈애국가〉, 〈코리아(KOREA)〉, 〈국가〉, 〈조선혼〉 등과 같이 애국 · 애족 · 애민의 정신을 고취시키던 노래들의 곡조에도 쓰였는데, 그 원곡은 한때 미국 국가로도 불렸던 찬송가 〈아메리카〉이고, 더 거슬러 오르면 영국 국가인 〈갓 세이브 더 퀸〉의 곡과 운율이 같은 것으로 밝혀졌다. 하지만 가사의 작사가는 한글학자 박태환과 장지영이라는 기록과, 명동학교 교장인 김약

지금까지 중국 조선족학교 교가에 나타난 한민족 시조 단군을 이용한 종족적 동일시를 알아보았다. 이를 통해 나타난 특징은 첫째, 단군의 등장[14]은 중국 조선족학교 교가 창작시기로 볼 때, 모두 일제가 한반도를 지배하고 있을 때에 등장하고 있다는 사실이다. 이로 인해 단군의 등장은 항상 민족의 독립에 대한 염원과 함께 등장하였다.

둘째, 중국 조선족학교 교가에 등장하는 단군은 모두 한배검이라는 단어를 사용했다는 사실이다. 한배검은 단군(檀君)을 높여 부르는 말이다. 이것은 한민족(韓民族)의 시조인 단군을 받드는 한국 고유의 종교인 대종교(大倧教)의 영향 때문이다. 대종교는 한국의 민족기원 신화에서 비롯되었으며, 교리에 민족의 정통사상과 철학을 담고 있다. 이를 근거로 20세기 초 대종교는 주로 종교적 항일 구국운동을 펼쳤다. 이에 일제는 1915년 10월 총독부령 제83호 「종교통제안」을 만들어 대종교를 종교단체로 가장한 항일 독립운동 단체라고 불법화하였다.

2) 문화적 동일시

중국 조선족학교 교가에서는 일반적으로 많은 지명을 사용하였는데, 이러한 지명 대부분은 학교가 위치한 곳이나 주변에 있는 산, 강, 언덕, 벌판, 그리고 바다 등의 이름이었다. 그러나 조선족학교의 위치에 상관없이 사용하는 지명이 있는데 이것이 바로 한민족 문화를 나

연이라는 주장이 엇갈리고 있다. 한겨레뉴스 문화면, 2013년 4월 24일자 참조.

14 중국 조선족학교 교가에 등장하는 한민족은 단군과 주덕해 두 사람뿐이다. 단군은 중화인민공화국 성립 이전에 등장하였고, 주덕해는 중화인민공화국 성립 이후에 등장하였다. 그러나 공통점은 이 두 인명의 등장이 매우 적다는 사실이다.

타내는 민족 상징을 이용한 문화적 동일시이다.

한민족은 오랫동안 한반도에서 살아가면서 누구나 가슴속 깊이 간직하고 있는 신성스런 민족의 상징이 있다. 예를 들어 백두산, 압록강, 두만강, 무궁화, 천지 등이다. 중국 조선족학교 교가는 이러한 한민족의 상징을 모국과 더불어 조선족도 변함없이 민족의 상징으로 생각하고 있다는 사실을 표현하고자 문화적 동일시를 시도하였다. 이 역시 조선족 학생으로 하여금 한민족 공동체의식을 갖게 하여 민족의식을 고취하는 데 사용하였다. 이러한 민족 상징의 문화적 동일시는 1906년에 독립운동가 이상설이 용정에 세운 중국 조선족 지역 최초의 근대 교육기관인 서전서숙(瑞甸書塾)에서부터 나타나기 시작하였다. 서전서숙은 교원들의 월급부터 교과서 경비에 이르기까지 이상설이 모두 부담하였다. 창립 시기 학생 수는 22명이었다. 서전서숙은 학생들을 갑반과 을반으로 나누었는데 갑반은 고등반이고 을반은 초급반이었다. 그러나 서전서숙은 이상설이 헤이그로 간 후 심각한 재정난과 일제의 간섭으로 1907년 9월 문을 닫았다.[15] 다음은 서전서숙의 교가이다.[16]

> 不咸山이 높이 있고 豆滿江이 둘렀는데
> 瑞甸書塾 創立하니 聰俊人才 雲集이라
> 人一已百 工夫하니 救國安民 하여보세

중국 최초의 조선족학교인 이 교가는 민족의 상징인 不咸山(백두산)과 두만강을 사용하여 모국과 조선족의 문화적 동일시를 시도하고 있

15 박창일 주필, 『개척』(중국조선민족발자취총서 1), 민족출판사, 1999년, 545-548쪽 참조.

16 허청선 외 주편, 『중국조선민족교육사료집 1』, 연변교육출판사, 2000년, 98-99쪽.

다.[17] 즉, 한민족 모두가 신성시하는 존재들을 조선족 자신도 한민족의 일원으로서 똑같이 신성시함을 보여주고 있는 것이다.

교가의 첫 부분은 백두산이 높이 솟았으며 두만강이 휘감아 도는 신성한 곳에 서전서숙을 창립하니 우수한 인재들이 구름같이 몰려들었다고 하면서 민족의 정기를 받아 세운 곳에 인재가 넘친다고 표현하였다. 마지막 부분에서는 민족정기를 받으며 공부하여 민족이 겪고 있는 고난을 극복하고 백성이 편안하게 사는 나라를 만들어보자고 말하고 있다. 이는 1905년 을사조약의 체결로 인하여 국권을 박탈당한 대한제국의 백성들과 더불어 중국에 사는 조선족도 백두산과 두만강의 정기를 받아 민족적 과제인 인재양성을 통한 국권회복운동을 전개하자는 주장이다.

다음은 요녕성조선족사범학교 교가[18]에 나타난 민족 상징의 문화적 동일시를 살펴보자.

료동벌 주름잡아 헤쳐온 천만리
원예사 요람으로 자랑도 많았네 자랑도 많았네
무궁화 피여나는 정다운 교정은 푸른 꿈 키워주는 청춘의 활무대

---

17 백두산과 두만강을 동시에 민족 상징의 대상으로 한민족의 동일시를 시도한 교가는 이 외에도 많다. 다음은 창동학교 교가이다. (출처: 연변정협문사자료위원회, 『연변문사자료』(제5집), 내부발행, 1988년, 59쪽.)

흰뫼가 우뚝코 두만물 흐르는 널따란 벌판에 형제의 마음과 힘을 모디여
배움집을 세웠으니 창동 동천에 붉으레 돋는 해같이 젊은 생명에 힘을 주노라
보아라 보아라 이 세상을 보아라 주림에 우는 자 광야에 엎드러진 그 참경
오늘까지 사랑 없는 이 땅 즐거운 동산을 이룰 양으로 젊은 생명에 힘을 주노나

18 심양시 교육국에 근무하는 이종태 선생님이 요녕성조선족사범학교에 근무하는 친구를 통해 수집하였다. 이 교가는 학교 40주년 기념행사를 하면서 1992년에 만들었다고 한다.

아- 한 떨기 아름답게 피여난 꽃이여
백두의 기상 안고 겨레의 꿈 안고 영원히 피여나리

요녕성조선족사범학교 교가에서 문화적 동일시에 사용된 민족 상징은 '무궁화'와 '백두산'이다. '무궁화'와 '백두산'은 한민족이라면 누구나 다 알고 있는 것으로 듣기만 해도 가슴 뭉클해지는 존재이다. '무궁화'는 나라의 꽃이며 민족의 꽃이다. 일 년 사계절 피고 지는 불굴의 생명력을 지니고 있어 한민족의 끈질긴 생명력과 비슷하다고 여겨지고 있는 신성한 대상이다. '백두산' 역시 중국 조선족학교 교가에서 가장 많이 사용되고 있는 민족의 상징으로 한민족 생명의 근원으로 여겨지는 성스러운 대상이다. 이와 같이 이 두 가지는 한민족의 정신이며 근간인 것이다.

이러한 민족 상징을 통해 조선족은 한민족과의 동일시를 시도하면서 한민족 공동체의식을 형성하였고 이것은 다시 조선족들의 민족정체성을 고취시키는 큰 역할을 하게 된 것이다. 교가에서 말하고 있듯이 민족의 꽃이자 일 년 내내 지고 또 피는 끈질긴 민족정신의 상징인 무궁화를 교정에 심어 한민족의 후손으로 미래를 위한 꿈을 키워간다고 하였다. 교가 끝부분 역시 한민족의 정기인 백두산의 기상을 받고 자란 조선족 학생들이 무궁한 발전을 하리라고 강조하여 민족 상징을 이용한 문화적 동일시를 통한 민족의 발전과 번영을 희망하였다.

다음은 민족 상징인 무궁화를 통한 문화적 동일시를 잘 보여주고 있는 흑룡강성 상지시조선족중학교 교가이다.[19]

19 상지시조선족중학교 교가 2절이다. (출처: 개교 60주년 기념책자)

빛나는 래일의 리상을 안고서 탐구로 불타는 글소리 높구나
겨레의 기상을 누리에 떨쳐갈 어엿한 일군들이 여기서 자라네
나래쳐 오르자 지식의 고봉에 배움의 무궁화 배움의 무궁화 우리의 상조중

이 교가의 마지막 부분에 사용된 무궁화는 첫 구절의 미래의 꿈과 이상을 안고 열심히 배우는 학생으로 승화되는 모습을 구현하였다. 배움의 어린 학생들을 민족의 상징인 무궁화로 비유하면서 그들이 한민족 겨레의 기상을 누리에 떨쳐가기를 희망하였다. 이 학교의 교가 제목도 '배움의 무궁화'이다.

민족 상징을 이용한 문화적 동일시는 다른 한편으로는 한족과의 차별성을 의미한다. 이러한 차별성은 조선족이 한족보다 우월하다는 방식으로 드러나는데 이것은 중국 사회에서 조선족이 소수민족으로서 불이익과 차별을 경험해왔던 것과 연관된다. 즉 민족평등을 주장하는 중국 국가의 공식적 담론의 강력한 영향 속에 조선족은 자신들에 대한 차별을 '차별'로 받아들이기보다는 오히려 한족에 대한 우월함의 형태로 그들만의 종족 정체성을 강조함으로써 한족에 대한 열등감을 중성화시키고 동시에 한족과의 불평등한 경쟁으로부터 벗어나고자 하였다.[20] 이에 상지시조선족중학교 교가에서는 한민족 동질성 추구를 통한 민족의식 고취를 위해 한족 문화와 다른 '겨레의 기상', '무궁화' 등의 단어를 사용하였다.

지금까지 중국 조선족학교 교가에 나타난 민족 상징을 이용한 문화적 동일시를 알아보았다. 이를 통해 나타난 특징은 첫째, 문화적 동일시에서 가장 많이 사용한 민족 상징은 '백두산'이었다. 한민족 누구

20 이현정, 앞의 논문, 2001년, 63-64쪽 참조.

나가 신성한 민족의 산으로 여기고 있는 백두산을 통해 조선족 역시 한민족임을 분명히 하였다.

둘째, 문화적 동일시는 특정 시대에만 나타나는 것이 아니라 시대를 초월하여 모든 시기에 나타났다. 이것은 백두산을 비롯하여 압록강, 무궁화 등의 민족 상징이 중국 조선족학교 교가 속 표현에 있어서 정치적인 영향을 덜 받았다는 것을 암시한다.

셋째, 지역별로 볼 때 민족 상징을 이용한 문화적 동일시는 한반도와 지리적으로 가장 가까운 길림성 조선족학교 교가에서 가장 많이 나타났다.

3) 언어적 동일시

우리말과 우리글에 대한 언어적 동일시는 중국 조선족학교 교가에 나타난 동일시 현상에서 가장 많이 사용한 것 중 하나이다. 즉 조선족들도 한민족 공통의 문자와 언어를 사용하고 있다는 것이다. 민족에게 있어 민족 자신의 언어와 문자가 있다는 사실은 그 자체만으로도 매우 중요한 의미를 가진다. 그것은 민족의 생존에 있어서 민족정체성 유지나 민족의 단결에 있어서나 매우 중요한 사실이기 때문이다. 역사적으로 보아도 한 민족의 소멸에는 그 원인이 다양하겠지만 자신의 언어와 문자를 지키지 못했기 때문이 대부분이다. 조선족들은 이주 초기부터 우리의 말과 글을 지키기 위해 부단히 노력해왔다. 마을마다 학교를 세워 학생들에게 가르쳤던 것이다. 이것은 조선족 민족정체성 유지에도 많은 역할을 하였다.

우리말과 우리글에 대한 언어적 동일시가 가장 잘 나타난 조선족학교 교가는 장백조선족자치현의 장백현제2실험소학교 교가일 것이다. 장백조선족자치현은 중국 길림성의 동남변경에 자리 잡고 있으며 백두산을 등지고 압록강 상류, 북한의 양강도 혜산시와 강을 사이에 두고 있는 중국 유일의 조선족자치현이다. 1958년 9월 15일에 장백조선족자치현이 창립된 후 조선족들은 고유의 문화를 지키면서 살아왔다. 학교 수의 변화를 보면, 소학교의 경우 1949년에는 모두 44개교가 있었고, 1966년도에는 모두 59개교로 늘어났다. 그러나 1984년에는 8개교만 남았고 현재는 장백현조선족실험소학교만 남았다. 중학교의 경우는 1992년 6개교가 있었으나 현재는 장백조선족중학교만이 존재한다.[21] 다음은 장백현제2실험소학교 교가 1절이다.[22]

해빛도 찬란해라 아담한 교사 명랑한 글소리가 차고 넘쳐요
선생님 가르치심 높이 받들고 우리말 우리글을 배워갑니다
아 우리학교 배움의 요람 우리말 우리글을 배우는 학교 배우는 학교

이 교가를 통해 가장 분명하게 느낄 수 있는 것은 교정에 우리말과 우리글이 넘쳐나고 있다는 사실이다. 교가는 처음부터 끝까지 학교에서 학생들이 우리말로 이야기를 하고 우리글을 배우는 모습을 묘사하였다. 사실 타국에서 사는 한민족이 모국어를 사용한다는 사실은 서로 간의 동질성 확보를 위한 매우 중요한 일이다. 또한 모국과 떨어져 살고 있는 사람들이 같은 언어를 사용하여 모국에 있는 사람과 서로 교류가 가능하고 서로 문자를 교환할 수 있다면 그들 사이에는 자

21 박병순 주필, 『장백조선족발전사』, 연변인민출판사, 2008년, 276-296쪽 참조.

22 저자가 학교를 방문하여 얻은 학교 소개 책자에 있는 교가이다. 이 교가는 현재 장백조선족실험소학교 교가로 사용되고 있다.

연스럽게 공동체의식이 형성될 것이다. 조선족 또한 한민족의 말과 글을 잊지 않기 위하여 조선족학교에서 지속적으로 우리말을 교육하였다. 어떤 측면에서는 타국에서의 현지생활에 도움이 되지 않는다고 생각할 수 있겠지만,[23] 대부분 조선족들은 생활의 작은 불편함이나 사회적 이익보다는 민족적인 동질성과 민족정체성을 중시하였다. 이와 같이 교가 속에 나타난 같은 민족끼리 같은 언어를 쓴다는 언어적 동일시 현상은 한민족 공동체의식을 형성하였고 이는 민족정체성 고취로 이어졌다.

다음은 우리말과 우리글에 대한 언어적 동일시를 볼 수 있는 통화시조선족소학교 교가 2절이다.[24]

조국의 자랑찬 미래를 안고 혼강 기슭에 자리 잡은 배움의 요람
지성 어린 선생님의 사랑 속에서 우리말과 우리글 배워갑니다
아 종소리 정다운 우리학교 그 속에서 꽃봉오리 자라납니다

이 교가 역시 한민족이 사용하는 말과 글을 조선족도 사용하고 있다는 언어적 동일시를 통해 한민족 공동체의식을 형성하였다. 그러나 교가의 첫 부분에서 조국이라는 단어가 등장하듯이 조선족은 민족과 국가를 분리시켜 생각하는 관념을 받아들였다. 이 교가에서는 조선족의 조국은 중국이 되었지만 타국에 살아가면서 한민족의 말과 글을 조선족 자신도 사용하고 있다는 사실을 강조하였다. 사실 조선족은 신

23 조선족 지식인들 가운데는 조선족이 중국에서 성공하기 위해서는 그들만의 섬 또는 동굴에서 나와 중국의 주류 사회에 진입할 것을 주장하는 사람들이 많다. 그리고 이를 위해 자녀들을 한족 학교에 보내는 사람들이 늘고 있다. 권태환 편, 앞의 책, 2005년, 138쪽.

24 2011년 1월 9일 학교 방문 시 한 선생님이 책자에서 떼어주셨다.

중국 성립 이후 스스로를 중국의 국민인 조선족으로 여기고 자신들을 북한 사람이나 남한 사람들과 구분하여 중국 사람으로 여기게 되었다. 조선족의 중국 국민의식은 해외 한인들이 생각하는 국가에 대한 소속감보다도 강하다. 그 배경에는 토지개혁을 통한 토지분배에 대한 공산당의 고마움이 바탕을 이루고 있지만 소수민족으로서 가지게 되는 거대한 정권에 대한 두려움도 함께 작용하고 있다.[25]

어찌 되었든 중국 조선족의 민족정체성은 한민족에 대한 동일시를 통해 알 수 있듯이 한족화를 거부한다. 이러한 거부는 조선족들이 집거지를 이루며 살면서 우리의 말과 글을 지키며 살아가고 있다는 것에서도 분명하게 알 수 있다. 교가에서도 선생님의 가르침 속에 우리말과 우리글을 배워간다고 강조하였다. 이러한 우리말과 글에 대한 배움은 영원히 지속될 것이다.

지금까지 중국 조선족학교 교가에 나타난 우리말과 우리글에 대한 언어적 동일시를 알아보았다. 이를 통해 나타난 특징은 '한글', '조선말' 등의 구체적 명칭은 사용하지 않으면서 '우리'라는 단어를 사용하였다는 사실이다. 이는 우리 민족의 공동체의식을 잘 반영한 것으로, '우리'라는 단어의 사용을 통해 같은 언어를 공유하는 한민족의 집단적 동질성을 더욱 강조한 것으로 볼 수 있다. 결국 한민족 누구나가 사용하는 공통어인 한글을 통해 조선족의 응집력을 높이고 조선족 역시 한민족임을 분명히 한 것이라고 하겠다.

---

25 위의 책, 124-126쪽 참조.

4) 역사적 동일시

조선족은 한반도를 떠나 만주로 가기 전에는 한반도에서 한민족이 겪은 역사적 사건 등을 함께 겪은 민족이었다. 조선족이 한반도를 떠나 만주로 간 이후에는 한반도와 공간적 차이는 발생하였지만 단군의 후손인 한민족으로서 많은 역사적 사건들을 한민족의 입장에서 함께 공감하였고 이를 근거로 같은 역사의식도 가지게 되었다. 이러한 역사 및 역사의식을 포함하는 역사적 동일시는 중국 조선족학교 교가에도 잘 나타나 있다. 다시 말해 조선족은 한민족이 겪은 역사와 한민족이 갖는 역사의식을 똑같이 가지고 있음을 교가 속에서 표현하였던 것이다. 예를 들어, 일제가 한반도 및 중국 동북지역을 점령하였을 때에는 우리가 독립을 해야 한다는 한민족 전체가 동감하는 독립운동과 반일 민족정신을 고취하는 역사의식을 보여주었고 중화인민공화국이 성립한 이후에는 타국에서 사는 소수민족으로서 한민족의 역사를 언급하면서 역사적 정신을 표현하였다. 이 외에도 역사적 사건을 언급하면서 한민족의 동질성을 추구하였다.

다음은 신흥무관학교 교가이다.[26] 2011년 6월 10일 우정사업본부가 신흥무관학교 설립 100주년을 맞이하여 우표를 발행하기도 하였다.

칼춤 추며 말을 달려 몸을 연단코 새로 지식 높은 인격 정신을 길러
썩어지는 우리 민족 이끌어내여 새 나라 세울이 뉘뇨
우리 배달나라에 우리 청년들이라
두 팔 들고 소리 질러 노래하여라. 자유의 깃발이 떴다

---

26 연변대학조선문학연구소 편, 앞의 책, 2009년, 638-639쪽.

신흥무관학교 교가는 일제가 한반도를 강점하였을 때 우리가 독립해야 한다는 한민족 전체의 독립 열망과 반일 민족정신을 고취하는 역사의식을 표현한 것이다. 이는 한민족이 가지고 있는 역사 및 역사의식을 조선족도 똑같이 가지고 있다는 것을 표현한 것으로 이것이 바로 역사 및 역사의식을 표현한 역사적 동일시이다. 한민족 모두가 광복을 위해 일제와 싸울 때 신흥무관학교 역시 빼앗긴 조국을 되찾고 겨레를 구하기 위해 인격을 연마하고 군사지식을 배양하는 등 독립군 양성을 위해 노력하였다.

이러한 성격은 교가에서도 잘 나타나 있다. '칼춤', '새 나라', '자유' 등의 단어들은 이전과는 다른 무장민족의식이 투철한 애국청년들을 양성하여 장차 독립운동가로 만들고자 하는 의도가 뚜렷하였다. 군사훈련을 통하여 육체를 단련시키고 새로운 지식을 습득하고 높은 인격을 길러 자유로운 독립국가 건설을 촉구하고 있는 것이다. 두 번째 구절에서는 쓰러져가는 조국에 대해 다시 세울 것을 강조하였고 한민족 모두에게 국가에 대한 윤리적 · 집단적 책임감을 통해 충성심을 유도하고자 하였다. 마지막에는 이러한 목표를 위해서는 행동만이 필요하다며 두 팔로 소리 지르고 자유의 깃발을 들라고 투쟁을 독려하고 있다.[27]

다음은 3 · 1운동이라는 역사적 사실을 공유하는 역사적 동일시를 볼 수 있는 무순시 신화조선족소학교 교가이다.[28]

아름다운 금수강산 짓밟힐 때에 3 · 1의 얼을 이어 세워진 학교
우리말 우리글을 일깨워주며 자유를 깨우쳐준 계몽의 요람

27 안병삼, 앞의 논문, 2011b년, 305쪽 참조.

28 무순시 신화조선족소학교에 근무하는 선생님이 제공하였다.

아- 사랑하는 신화조선소학교 존사애생 단결우애 문명으로 꽃피워
일류의 계관 안고 길이 빛나라 길이 빛나라

이 교가에서 가장 눈에 띄는 것은 조선족학교 교가에서는 유일하게 3 · 1운동을 언급하였다는 점이다. 이것은 3 · 1운동이라는 역사적 사실을 한민족으로서 공유하면서 동시에 민족정신인 3 · 1운동의 얼을 계승하려는 의지를 표현했다고 볼 수 있다.

교가의 도입부에서는 조선족의 역사 및 역사의식에 대한 역사적 동일시가 분명하게 드러나 있다. 아름다운 금수강산이 짓밟힐 때는 일제강점기이며 이를 반대하고 무폭력주의로 항거하였던 3 · 1정신은 자유와 독립을 향한 민족의 몸부림이었다. 이러한 정신을 이어 조선족학교가 세워졌다는 것을 표현하였다. 이 교가는 전체적으로 조선족 학생들이 과거 3 · 1운동이라는 역사와 그 역사에서 빛났던 우리의 민족정신을 이어받아 우리의 글과 문자를 잘 익혀 자유로운 사상을 지닌 큰 인물로 성장하라는 의미를 지니고 있다고 하겠다.

용정실험소학교 교가 또한 역사 및 역사의식을 나타내는 역사적 동일시가 잘 나타난 경우이다. 용정실험소학교 학교의 역사 속에는 많은 교명의 변화가 있었다. 1908년 7월에 서전서숙이 있던 자리에 세워졌는데 당시 교명은 간도보통학교였다. 교장은 일본인이었고 학생은 48명이었다. 그 후 여러 차례 합병과 분교를 거쳐 광복 전에는 간도공립보통학교, 간도중앙학교 등으로 불리었다. 중화인민공화국이 성립한 이후에는 룡정중심학교, 룡정중심소학교로 불리다가 룡정실험소학교로 개칭하여 지금까지 사용하고 있다.[29] 하지만 룡정실험소학

29 東北朝鮮民族教育科學研究所 編, 『中國朝鮮族學校誌』, 東北朝鮮民族教育出版社, 1998년, 696쪽 참조.

교 교가의 정신은 20세기 초 민족교육에 앞장서고자 하였던 서전서숙의 정신을 계승 · 발전시키고자 하였다. 다음은 룡정실험소학교 교가이다.[30]

일송정 아래에 자리 잡은 우리학교, 민족의 장한 뜻 키워왔어라
어제는 선구자 노래부르며 항일지사 자라났고
오늘은 세기를 뛰어넘을 참된 인간 키우네
아~ 빛나라 룡정소학교, 겨레의 희망 안고 길이 빛나라

이 교가는 역사적 동일시를 통해 조선족의 한민족 정신을 강조하였다. 과거 독립운동가들이 모여 항일운동을 전개하던 장소가 바로 '일송정'이다.[31] 이러한 민족의 정기가 서린 이곳에 학교를 세웠으니 그 정신을 잊지 말자는 뜻을 지닌 룡정실험소학교 교가는 자신의 학교가 과거 독립운동가들이 모여 조국의 광복을 논한 자리에 자리 잡고 있음을 강조하면서 시작된다. 이것은 한민족의 독립정신을 이어받아 민족의 장한 꿈을 키우고 있다고 자부심을 드러내고 있는 것이다. 교가의 중간 부분은 과거에는 조국의 광복을 위해 싸운 항일지사가 자랐고 지금은 참된 인간을 키운다는 것이다. 과거의 역사의식을 이어

---

30 저자가 2010년 7월 27일에 학교를 방문하여 학교 1층 현관 게시판에서 수집한 것이다.

31 일송정은 중국 연길에서 용정으로 가는 길에 위치한 야산 위의 작은 정자이다. 과거에는 늠름한 자태의 소나무가 한 그루 서 있었다고 하지만 지금은 작은 소나무 한 그루와 정자가 있다. 또 이곳에서 해란강의 물줄기를 볼 수 있지만 지금은 물줄기가 말라 모습이 미흡하다. 이곳 용정 시민들의 말에 의하면, 오래 전에는 이곳에 정자 모양의 소나무 한 그루가 서 있었는데, 이 소나무 밑에서 독립운동가들이 모여 항일의 의지를 불태웠다고 한다. 이를 알게 된 일제가 소나무에 구멍을 뚫고 약품을 넣어 일송정을 고사시켰다고 전해진다. 1980년대 후반 중국 정부가 이곳에 '일송정'이라는 이름의 정자를 건립하여 이를 기념하고 있다. 안병삼, 앞의 논문, 2011b년, 320쪽.

받아 지금도 인재를 키우고 있다는 것이다.

지금까지 중국 조선족학교 교가에 나타난 역사 및 역사의식에 대한 역사적 동일시를 알아보았다. 이를 통해 나타난 특징은 교가 속에 나타난 역사적 동일시 대부분이 항일독립운동과 관련되었다는 사실이다. 이는 고대 역사적 사건을 다루는 것보다는 가까운 역사를 다루어 조선족과 한민족의 역사적 동일시를 시도한 것이라고 하겠다. 왜냐하면 조선족이 한반도에서 중국으로 이주한 시기와 비슷하고 중국 정부도 항일에 대해서는 같은 입장을 취하고 있기 때문이다.

3. 맺음말

조선족은 누구인가? 중국 국적을 가지고 있는 중국인이면서 한민족이다. 그들의 민족정체성은 항상 혼란스럽다. 과거 조선족학교가 민족정체성을 유지하고 계승하는 중요한 역할을 담당하고 있었지만 현재 조선족 사회가 붕괴되면서 조선족학교의 민족정체성 교육도 위기를 맞고 있다. 이러한 상황에서 중국 조선족들은 지난 100여 년 동안 조선족학교 교가를 통해 한민족 동질성을 추구하고자 노력하였고 이러한 노력은 조선족들에게 한민족 공동체의식을 심어주었다. 이에 본 연구에서는 중국 조선족학교 교가에 나타난 종족적 동일시, 문화적 동일시, 언어적 동일시, 역사적 동일시 등을 통해 한민족 공동체의식에 대해 고찰하였다.

종족적 동일시는 조선족 자신도 한민족의 후세라는 것을 말하고자 하는 것으로, 비록 모국과는 떨어져 있어도 타국에 사는 자신들도 모국에 살고 있는 사람들과 같은 단군의 후손이라는 것을 말하고자 한 것이다. 중국 조선족학교 교가에 나타난 종족적 동일시는 다음과 같은 특징을 가지고 있었다. 첫째, 단군의 등장은 중국 조선족학교 교가 창작시기로 볼 때, 모두 일제가 한반도를 지배하고 있을 때에 등장하고 있다는 사실이다. 이로 인해 단군의 등장은 항상 민족의 독립에 대한 염원과 함께 등장하였다. 둘째, 중국 조선족학교 교가에 등장하는 단군은 모두 한배검이라는 단어를 사용했다는 사실이다. 한배검은 단군

(檀君)을 높여 부르는 말이다. 이것은 한민족(韓民族)의 시조인 단군을 받드는 한국 고유의 종교인 대종교(大倧教)의 영향 때문이다.

문화적 동일시는 한민족의 상징을 모국과 더불어 조선족도 변함없이 민족의 상징으로 생각하고 있다는 것으로, 이것은 조선족 학생으로 하여금 한민족 공동체의식을 갖게 하였고 민족의식을 고취하였다. 민족 상징을 이용한 문화적 동일시에는 다음과 같은 특징이 있었다. 첫째, 문화적 동일시에서 가장 많이 사용한 민족 상징은 '백두산'이었다. 한민족 누구나가 민족의 신성한 산으로 여기고 있는 백두산을 통해 조선족 역시 한민족임을 분명히 하였다. 둘째, 민족 상징을 이용한 문화적 동일시는 특정 시대에만 나타나는 것이 아니라 시대를 초월하여 모든 시기에 나타났다. 이것은 백두산을 비롯하여 압록강, 무궁화 등의 민족 상징이 중국 조선족학교 교가 속 표현에 있어서 정치적인 영향을 덜 받았다는 것을 암시한다. 셋째, 지역별로 볼 때 문화적 동일시는 한반도와 지리적으로 가장 가까운 길림성 조선족학교 교가에서 가장 많이 나타났다.

언어적 동일시는 중국 조선족학교 교가에 나타난 동일시 현상에서 가장 많이 사용한 것 중 하나로, 조선족들도 한민족 공통의 문자와 언어를 사용하고 있다는 것이다. 우리말과 우리글을 이용한 언어적 동일시에 나타난 특징은 '한글', '조선말' 등의 구체적 명칭은 사용하지 않으면서 '우리'라는 단어를 사용하였다는 사실이다. 이는 우리 민족의 공동체의식을 잘 반영한 것으로, '우리'라는 단어의 사용을 통해 한민족의 동질성을 더욱 강조한 것을 볼 수 있다. 결국 한민족 누구나가 사용하는 공통어인 한글을 통해 조선족 역시 한민족임을 분명히 한 것이라고 하겠다.

역사적 동일시는 조선족이 한반도를 떠났어도 단군의 후손인 한

민족으로서 많은 역사적 사건들을 한민족의 입장에서 함께 공감하였고 이를 근거로 같은 역사의식도 가지고 있다는 것이다. 역사 및 역사의식을 나타내는 역사적 동일시에 나타난 특징은 교가 속에 나타나는 역사 및 역사의식 대부분이 항일독립운동과 관련되었다는 사실이다. 이는 고대 역사적 사건을 다루는 것보다는 가까운 역사를 다루어 조선족과 한민족의 역사적 동일시를 시도한 것이라고 하겠다.

지금까지 조선족은 중국에서 한민족의 일원으로 모국과 모국민과의 동일시를 통해 한민족 공동체의식을 갖고 있었으며 이러한 의식은 민족정체성의 유지로 이어졌다. 그 결과 중국 조선족은 타국에서 자신들의 문화를 지키면서 살아갈 수 있었다. 그러나 현재 진행되고 있는 조선족 집거지의 붕괴와 이에 따른 조선족학교의 폐교는 그동안 조선족이 지켜왔던 많은 부분들을 바꿔놓을 수 있을 충분한 힘을 가지고 있다. 예를 들어, 한민족의 동일시가 지금까지 유지되어왔지만 앞으로는 한족의 동일시가 급격하게 이루어질 가능성도 배제할 수 없다.

시대마다 달라지는 동일시에 따라 한민족 공동체의식이 달라지고, 그 결과는 바로 시대마다 다른 조선족 민족정체성의 모습을 볼 수 있었다. 따라서 앞으로 조선족의 민족적 동일시에 대한 꾸준한 관심을 가지고 지켜봐야 할 것이다.

III

중국 조선족학교
교가 교육에 관한 고찰

1. 머리말

1) 연구목적 및 내용

칼춤 추고 말을 달려 몸을 단련코 새론 지식 높은 인격 정신을 길러 썩어지는 우리 민족 이끌어내어 새 나라 세울 이 뉘뇨. 우리 우리 배달나라의 우리 우리 청년들이라. 두 팔 들고 고함쳐서 노래하여라. 자유의 깃발이 떴다.[1]

신흥무관학교 설립 100주년 기념우표

2011년 6월 10일, 대한민국 지식경제부 우정사업본부는 중국 길림성 류하현에 세워졌던 신흥무관학교 개교 100주년을 맞아 신흥무관학교 교가와 신흥무관학교 졸업생으로 구성된 신흥학우단의 모습을 담고 있는 기념우표를 발행하였다. 이 우표에 인쇄된 신흥무관학교 교가에는 신흥무관학교의 설립취지와 역사의식을 분명하게 밝히고 있다. 이에 정부는 우표발행을 통하여 그동안 우리가 잊고 지냈던 신흥무관학교와 독립운동가들의 숭고

1 2011년 6월 10일 발행된 우표에 인쇄된 교가 가사를 그대로 옮긴 것이다.

한 뜻을 기리고자 하였던 것이다. 이렇듯 교가는 각 학교의 정신을 반영한 곡이다. 그러므로 학생들로 하여금 애교심과 단결심을 기려 자긍심을 갖도록 하며 학교의 교육관을 담은 노래가 교가인 것이다. 더구나 교가는 '애국가'같이 상징성이 있으며 학교를 졸업한 이후라도 교가를 부르면 애교심과 소속감을 갖게 되므로 매우 중요하게 취급되어야 한다.[2]

중국 조선족들은 1906년 독립운동가 이상설이 중국 길림성 용정에 조선족 최초의 근대교육기관인 서전서숙(瑞甸書塾)을 설립한 것을 시작으로 수많은 조선족학교들을 세웠다. 이러한 학교들은 교가를 통하여 학생들에게 당시의 시대에 맞는 교육목적의 전달은 물론 여러 가지 계몽적 · 민족적 사상을 전달하고자 교가를 활용하였고 애창하도록 권장하였다.[3]

일제강점기 많은 조선족학교에서는 교가에 항일투쟁 및 독립정신, 민족수난의 극복 등의 가사를 만들어 학생들에게 부르게 하였고, 중화인민공화국 성립 이후에는 민족의식을 고취하고자 하는 의도로 교가 가사를 만들어 학생들에게 한민족의 뿌리를 알려주고자 하였다. 그러나 현재 중국 조선족 집거지의 인구가 급격하게 감소하면서 많은 조선족학교는 폐교되었고 이들 학교의 교가들은 급속히 소실되어가고 있다. 또한 현존 조선족학교에서는 과거와 달리 교가교육을 활발하게

2 손태룡, 『한국음악논전』, 영남대학교출판부, 2002년, 600쪽.

3 서전서숙의 교가는 다음과 같다. "不咸山이 높이 있고 豆滿江이 둘렀는데, 瑞甸書塾 창립하니 聰俊人才 雲集이라. 人一已百 工夫하니 救國安民 하여보세." 허청선 외 주편, 『중국조선민족교육사료집 1』, 연변교육출판사, 2000년, 98-99쪽. 교가를 통해 알 수 있는 서전서숙의 설립목적은 신문화 교육과 민족교육을 통한 구국인재의 양성이다. 이러한 교육을 통하여 당시 민족이 겪고 있던 고난을 극복하고 백성이 편안하게 살기를 바라는 시대적 열망을 반영한 것이라고 할 수 있다. 안병삼, 앞의 논문, 2011b년, 310쪽.

진행하지 않고 있다. 그 결과 지금까지 중국 조선족학교에서 교가를 통하여 '민족이 나아갈 방향과 정신'을 학생들에게 가르쳤던 전통이 사라지는 심각한 상황에 직면하고 있다. 이러한 폐단은 민족의식이 상실되고 조선어조차도 모르는 조선족 젊은이들을 양산하는 하나의 원인이 되었고, 동시에 한족으로의 동화현상을 빠르게 진행시켰다.

필자는 2010년부터 2013년까지 집중적으로 중국 동북3성에 위치한 조선족학교를 중심으로 조선족학교 교가를 수집하고 있다. 이러한 과정에서 조선족학교의 교가교육에 대해 심도 있게 고찰할 필요성을 느끼게 되었다. 이를 계기로 침체에 빠진 중국 조선족학교의 교가교육이 다시 활성화되어야 한다는 전제하에 그 대안을 모색하는 계기를 제시하고자 한다.

본 연구는 중국 조선족 집거지의 인구가 급격하게 감소하면서 위축되기 시작한 조선족학교의 교가교육에 대한 실상을 알아보고 교가교육이 학생들에게 어떠한 영향을 주었는지 알아보고자 한다. 그동안 중국 조선족학교의 교가연구 혹은 교가교육에 대한 연구는 중국 현지뿐만 아니라 한국에서도 거의 이루어지지 않았다. 하지만 중국에 살고 있는 젊은 조선족들에게 새로운 민족정체성을 심어주고 민족의식을 고취시킬 수 있는 학교의 교가교육에 대한 연구는 앞으로 다각적으로 진행되어야 할 것이며, 그 의미 또한 매우 크다고 할 수 있다.

2. 중국 조선족학교 교가의 운영실태 및 특징

1) 중국 조선족학교 교가의 운영실태

중국에서 조선족을 대상으로 최초로 신식교육을 실시한 조선족학교는 1906년 이상설이 길림성 용정에 설립한 서전서숙이다. 한반도의 한민족은 1860년 청(淸) 정부의 동북지역 일대의 봉금령이 해제되자 서서히 중국으로 이주하기 시작하였고 20세기 초에는 경제적인 이유와 일제의 탄압을 피해 많은 사람들이 중국에 터를 잡고 살게 되었다.

동북지역에 도착한 한민족은 산과 들의 자갈밭을 피와 땀으로 일구었고 동시에 미래를 위해 후대 교육을 시작하였다. 당시 조선족들은 비록 자신이 헐벗고 굶주리더라도 자식들의 교육은 절대 포기해서는 안 되는 것으로 생각하였다. 이렇게 시작된 중국 조선족학교는 이후 급속도로 증가하였다. 그러나 1990년대부터 조선족 집거지의 인구가 급격히 줄어들면서 조선족 공동체의 근간이었던 조선족학교가 무너지기 시작하였다. 한 통계에 의하면, 1950년대 초반 중국 동북지방에 1,500여 개의 조선족학교가 있었는데 그 수는 2000년 1,195개교, 2005년에는 456개교로 나타났으며 근년에는 255개교가 있는 것으로 추산하였다.[4]

---

4 최우길, 「중국조선족교육의 현황과 과제」, 『디아스포라연구』 제6권 1호, 2012년, 85쪽 참조.

〈표 3.1〉 중국 조선족 중 · 소학교 숫자의 변화[5]

학교 \ 연도	1949	1950	1988	1993	1997
소학교	1,500	1,763	1,126	1,146	984
중학교 (고등학교 제외)	70	-	213	185	211
합 계	1,570	1,763	1,339	1,331	1,195

하지만 필자가 2010년부터 중국 동북3성의 거의 모든 조선족학교를 돌아다니면서 조사한 결과는 이보다 훨씬 적은 숫자의 학교가 존재하고 있었다. 다행스러운 일은 현존 조선족학교 중 교가를 가지고 있는 학교가 다수였다는 사실이었다.[6]

길림성의 경우 2010년 조선족소학교 47개교, 조선족중학교 42개교가 존재하여 모두 89개교가 존재하였다.[7] 이 중 교가를 운영하고 있는 학교는 모두 67개교인 것으로 파악되었다.[8] 흑룡강성의 경우에는 2012년 조선족소학교 23개교, 조선족중학교 16개교가 존재하여 모두

---

5 東北朝鮮民族教育科學研究所 編, 앞의 책, 1998년, 1008쪽 참조.

6 이러한 원인은 조선족학교의 통 · 폐합 과정에서 생존한 학교의 경우, 학교의 규모가 비교적 크고 역사가 깊어 교가를 가지고 있는 경우가 많았기 때문으로 추정된다. 그러나 교가가 있다고 교가교육이 활발하다고는 말할 수 없다.

7 2010년의 기록은 저자가 2010년 12월 길림성 각지의 조선족학교를 방문하여 조사한 결과를 적은 것이다. 89개교 조선족학교에는 조선족과 한족이 함께 구성한 연합학교와 유치원, 소학교, 그리고 중학교가 함께 구성된 통합 조선족학교를 제외한 순수한 소학교와 중학교만을 기록하였다.

8 이 통계는 필자가 직접 길림성을 돌아다니면서 조사한 숫자이다. 하지만 조선족학교 선생님들의 무관심과 비협조로 다소 차이가 있을 수 있다. 예를 들어, 학교에 교가가 있는데 없다고 하는 경우도 많았다. 다음은 길림성 현존 조선족학교 교가 운영실태를 중 · 소학교로 나눈 것이다.

학교	소학교	중 · 고등학교	합계
학교 수	34	33	67

39개교인 것으로 파악되었다. 이 중 교가를 운영하고 있는 학교는 모두 28개교인 것으로 파악되었다.[9]

요녕성의 경우 2012년 조선족소학교 11개교, 조선족중학교 10개교가 존재하여 모두 21개교인 것으로 파악되었다. 이 중 교가를 운영하고 있는 학교는 모두 18개교인 것으로 파악되었다.[10] 여기서 동북3성 조선족학교 교가의 운영실태는 대동소이하였다. 대부분 학교에서 교가를 정기적으로 부르는 경우는 거의 없었다. 다만 학교에 교가가 소실되지 않고 존재한다는 것에 의미를 둘 수 있을 정도였다. 더 심각한 문제는 학교의 교가가 존재하는지 여부에 대해서 많은 선생님들이 인지하지 못하고 있다는 사실이었다. 이러한 상황에서 학생들에게 올바른 교가교육을 기대하기란 거의 불가능하였다. 다시 말해, 대부분 조선족학교들은 교가를 학생들에게 적극적으로 애창하도록 힘을 기울이기보다는 교가를 그냥 방치한 상태였다.

---

9 이 통계는 필자가 직접 흑룡강성을 돌아다니면서 조사한 숫자이다. 길림성에 비해 통합학교가 많아 중소학교의 교가를 기준으로 계산하면 많지 않은 교가이다. 또한 조선족학교 선생님들의 무관심과 비협조로 다소 차이가 있을 수 있다. 다음은 흑룡강성 현존 조선족학교 교가 운영실태를 중 · 소학교로 나눈 것이다.

학교	소학교	중 · 고등학교	합계
학교 수	12	16	28

10 이 통계는 필자가 직접 요녕성에 가서 조사한 숫자이다. 동북3성에서 가장 적은 숫자의 조선족학교가 존재하였고 이미 많은 조선족학교가 유치원, 소학교, 중학교, 고등학교를 통합하여 운영하고 있었다. 이들 통합학교는 교가가 없는 경우도 있었다. 이 통계는 조선족학교 선생님들의 무관심과 비협조로 다소 차이가 있을 수 있다. 다음은 요녕성 현존 조선족학교 교가 운영실태를 중 · 소학교로 나눈 것이다.

학교	소학교	중 · 고등학교	합계
학교 수	8	10	18

2) 중국 조선족학교 교가 운영의 특징

한 · 중 수교 이후 중국 조선족 사회는 급변하기 시작하였다. 동북3성에 집중적으로 거주하였던 조선족은 중국의 다른 도시로 이주하기 시작하였고, 심지어는 해외로 빠져나가기 시작하였다. 그 결과 중국 동북3성에 실제적으로 거주하는 조선족 인구가 감소하기 시작하였고 농촌마다 조선족 집거지를 중심으로 유지되었던 조선족학교는 붕괴되기 시작하였다. 학생들이 떠난 학교는 폐교되었고 살아남은 학교 또한 몇몇 학생만이 존재하게 되었다. 이에 대도시를 거점으로 하는 유치원, 소학교, 중학교, 고등학교를 통합하여 만든 새로운 학교형태인 조선족학교가 등장하였다.

이러한 상황에서 조선족학교는 부족한 학생들을 모집하기 위해 노력하게 되었고, 특히 중 · 고등학교는 졸업생의 명문 학교의 진학을 통해 학교의 명성을 높여 신입생 모집에서 유리한 위치를 점하고자 노력하였다.[11] 그 결과 조선족학교는 학생들의 학업 이외의 모든 활동에 전혀 관심을 두지 않게 되었으며, 동시에 교가 애창의 필요성 또한 절실하지 않게 되자 교가교육은 점차 소홀해지기 시작하였다. 그럼, 현재 조선족학교의 교가 운영은 어떤 모습을 가지고 있을까?

첫째, 대부분 조선족학교는 교가교육에 무관심하며, 교가를 대신하여 중국 국가(國歌)를 부르는 조선족학교가 늘고 있다. 비록 학교가 교가를 가지고 있지만 현재 조선족학교에서는 자신의 교육이념이 담

---

11 중국 정부는 지금도 지속적으로 소수민족들에게 우대정책을 실시하고 있다. 먼저, 조선족학교의 시설을 수리하는 비용을 특별비용으로 지불하고, 조선문 교재 출판에 매년 100만 원씩 보조해준다. 특히 대학생 모집에서 소수민족 우대정책을 실시하고 있다. 조선족 수험생이 본민족문자로 시험답안을 쓰도록 허락하며 최저합격선을 한족보다 5점 낮추어 모집한다. 최상록 외 편, 앞의 책, 1995년, 13-14쪽 참조.

긴 교가를 부르기보다는 국가를 주로 부르고 있다. 이것은 한국에서 새로운 시대에 맞게 학생들이 즐겨 부를 수 있는 교가의 개발을 모색하는 것과는 다른 모습이다. 이러한 모습은 조선족학교가 급속히 줄어들기 이전인 1980년대 입학식, 졸업식, 월요일 조회, 학교 행사, 음악 시간 등에 교가를 부르면서 학교의 교육목적 및 민족에 대한 자부심 등을 교가를 통해 자연스럽게 익혔던 모습과는 대조적인 것이다. 심지어 일반 선생님들과 학생들은 교가가 있는지에 대해서 잘 알지 못하고 있었고, 일반적으로 교장선생님이 사무실에 교가를 보관하고 있거나 음악선생님만이 아는 경우가 많았다.

이러한 근본적인 원인은 조선족학교 스스로 교가를 만든 시기 및 작곡가와 작사가, 창작배경 등에 대한 기록을 남기지 않았기 때문이다. 그 결과 폐교된 조선족학교 교가는 급속히 소실되었고 현존하는 조선족학교조차도 교가의 존재 유무 및 교가에 대한 정보를 정확히 알지 못하였다. 더욱 심각한 교가 운영실태는 현재의 조선족교육의 침체기 속에 교가 없이 학교를 운영하는 조선족학교가 늘고 있다는 사실이다. 그 대표적인 예가 통합 조선족학교 및 한족과의 연합학교라고 할 수 있다. 통합 조선족학교는 최근에 급격히 늘고 있는 학교 형태이다.[12] 이들 학교는 현재 교가의 중요성을 인식하지 못한 채 교가 없이 개교하는 추세이다.

둘째, 교가의 중요성을 인식하지 못하는 동시에 교가를 알리려는 노력 또한 부족하다. 교가는 학교의 상징적인 노래이며 그 시대적 상황을 담고 있다. 그러므로 교가를 통해 학교 교육의 정신, 교육의 목

---

12 통합 조선족학교는 유치원, 소학교, 중학교, 고등학교를 모두 포함하는 경우가 대다수이다. 학교명도 그 지역에 맞춰 '**조선족학교'라고 부른다. 앞으로 조선족학교는 조선족 학생 수의 감소로 이러한 통합 조선족학교가 증가할 것이다.

적, 교육의 특성 등을 파악할 수 있다. 이에 과거 많은 조선족학교에서는 교가를 통하여 학생들에게 애교심은 물론 민족정신까지도 교육하고자 교가를 애창하게 하였던 것이다. 특히 1980년대까지의 선생님들은 교가의 중요성을 매우 잘 인식하고 있었다.[13] 그러나 요즘 조선족학교의 선생님들은 교가의 중요성을 잘 인식하지 못하고 있는 듯하다. 교가를 정기적으로 교육하지도 않고 있다.[14]

교가의 중요성을 인식하지 못하는 상황에서 교가의 홍보는 더욱 이루어지지 않는 상태였다. 한국의 경우, 학교 홈페이지에서 교가를 쉽게 찾을 수 있지만 중국 조선족학교의 경우에는 대부분 학교 홈페이지를 운영하고 있지 않았으며 홈페이지를 운영하고 있다고 하더라도 교가가 있는 경우는 매우 드물었다. 교가는 학교를 알리는 방법 중 하나로 널리 다른 사람들에게 알려야 하는 것이 정상적이라고 한다면 이러한 조선족학교의 교가 공개에 대한 폐쇄성은 하루빨리 개선되어야 한다. 교가의 홍보라는 측면에서 유일하게 학교에서 취한 조치는 학교 본관 1층 현관이나 복도 등에 교가를 액자 형태로 걸어놓은 것이다. 하지만 이러한 게시물도 대부분 오래 전에 만들어진 것으로 최근 학교의 리모델링 과정에서 이조차도 철거되는 상황이다.

셋째, 조선족학교 교가 운영은 학교에서 자체적으로 이루어지고

---

13 필자가 현지에서 들은 바는 1980년대까지 조선족사회는 중국에서 소수민족으로서 경제적으로는 풍족하지 못했지만 예체능 방면에 있어서는 많은 성과를 올렸다고 한다. 예를 들어, 각 부락마다 농악대가 있었고 각 학교마다 많은 운동부와 음악부가 활동하여 많은 상을 받았다고 한다. 이러한 사회적 환경 아래 학교에서도 교가 교육이 매우 잘 이루어졌다고 한다.

14 필자가 중국에서 조선족학교 교가를 수집하기 위해 학교를 방문하면 많은 선생님들이 교가 수집의 이유를 물었다. 그리고 조선족이 스스로 이런 가치 있는 작업을 해야 하는데 한국에서 한다고 아쉬워했다. 그러나 정작 자신의 교가가 얼마나 중요한지에 대해서는 잘 인식하지 못하고 있었다. 교가가 어디에 있는지도 관심이 없었으며, 교가를 아는 선생님도 찾기가 어려웠다.

있다. 중국 정부기관의 교가에 대한 어떠한 지침도 없는 상황에서 학교의 교가 창작에서부터 그 운영까지 학교 스스로 결정하였다. 특히 교장선생님의 결정권이 막강하였다.[15] 먼저 학교 교가의 창작을 보면, 대부분의 교가는 학교 교원이 직접 만들었다. 작사는 주로 교장선생님이나 조선어 교원이 하였고, 작곡은 음악선생님이 한 경우가 많았다. 특이한 점은 작사나 작곡을 조선어문조나 음악조처럼 집체가 한 경우가 많았다는 사실이다. 이러한 독특한 특징으로 한 학교에 다수의 교가가 존재하였다. 이전의 교가가 소실되었거나 교장선생님의 의견에 따라 교가가 재탄생하기도 하였기 때문이다. 즉 시대적 상황에 따라 학교의 교원이 다시 작곡하거나 작사한 것이다. 교가의 가사는 대부분이 조선어를 사용하고 있지만 중국어와 병행하여 사용하는 경우도 다소 있었다. 다만 상급기관에 교가의 창작을 알릴 경우에는 중국어로 보고서를 작성한다.

15 교가 수집과정에서 알게 된 사실은 학교에 교가가 없어 교가를 새로 만들어야 할 때 교장선생님이 교가를 만들어야겠다는 의지가 있었을 때에 주로 만들어졌다는 사실이다. 이에 많은 교장선생님이 교가 창작에 참여하였다.

3. 연구대상 및 분석 방법

본 연구는 필자가 3년여간 중국 동북3성 조선족학교 교가를 수집 · 연구하면서 조선족학교의 교가교육이 매우 침체되어 하루빨리 새로운 활기를 불어넣어야 한다는 생각에서 출발하였다. 이에 조선족학교 교가교육에 대한 실태와 학생들의 교가에 대한 관심 및 영향을 조사하기 위하여 설문조사를 실시하였다. 설문지는 2012년 7월부터 8월까지 요녕성 심양시에서 실시하였다. 주로 심양시의 조선족소학교, 조선족중학교에서 실시하였고, 또한 동북3성 중소조선족학교 독서문화캠프에 참여한 학생, 2012년 요녕성 조선족중소학생 민들레조선어작문콩쿠르에 참여한 학생들을 대상으로 설문지를 나눠주고 설명하면서 진행하였다.[16] 그 결과 총 186부의 설문지를 회수하여 분석하였다. 질문에 따라 답변하지 않은 경우도 있었으나 전체적으로 186명이 성실하게 설문조사에 응하였다.

본 연구의 연구도구는 학교에 교가가 있는 조선족 학생을 대상으로 먼저 일반적 특성과 그들이 교가를 배워온 상황을 파악하고, 교가교육에 대한 인식, 교가교육과 민족정체성, 교가에 대한 관심도 등으로 구분하여 문항을 구성하였다. 본 연구를 수행하는 데 사용된 분석 방법은 실증분석 방법이다. 여러 개의 항목에 따른 서로 다른 차별적 특

16 한국어가 미숙한 초등학교 저학년, 중국에서 유학하고 있는 한국 국적의 학생, 자신의 학교에 교가가 없다고 한 경우는 본 연구대상에서 제외하였다.

징을 도출하여 포괄적인 분석과 구체적인 서술이 가능하기 때문이다.

본 설문조사에서 사용된 구체적인 실증분석 방법은 다음과 같다. 첫째, 연구대상자의 일반적인 특성, 교가 관련 사항을 알아보기 위하여 빈도분석(Frequency Analysis)을 실시하였다. 둘째, 교가 관련 사항에 대한 인식의 차이를 살펴보기 위하여 집단 간의 차이 검증인 교차분석을 실시하였다. 셋째, 본 연구의 실증분석은 유의수준 $p < .05$, $p < .01$, $p < .001$에서 검증하였으며, 통계처리는 SPSSWIN 15.0 프로그램을 사용하여 분석하였다.

4. 연구결과

1) 연구대상자의 일반적 사항과 교가교육

〈표 3.2〉에서 보는 바와 같이 이번 설문에 참여한 조선족 학생의 일반적 사항에 대해 살펴보면, 성별의 경우에는 여자가 70.4%로 남자의 29.6%보다 더 높게 나타났으며 학년 구분의 경우에는 소학교가 68.8%로 대부분을 차지하였고 중학교가 27.4%, 고등학교가 3.8% 순으로 나타났다.[17] 교가를 부르는 정도의 경우에는 일주일에 1번 이상이 30.1%로 가장 높았고 부르지 않는다가 26.9%, 반년에 1번 이상이 16.7%, 일 년에 1번 이상이 14.5% 등의 순으로 나타났다.

〈표 3.2〉 조선족 학생의 일반적 사항

구분		명수	비율(%)
성별	남	55	29.6
	여	131	70.4

17 현재 조선족학교 교가교육이 고학년보다는 저학년에서 그나마 불규칙적으로 이루어지고 있는 현실에서 본 설문지의 소학생 비율이 다른 집단보다 높은 것은 조사의 정확도를 높일 수 있다고 생각한다. 필자는 설문지 조사의 정확도를 높이기 위해 질문을 받으면서 설명하는 방식으로 조사를 진행하였다.

학년	소학교	128	68.8
	중학교	51	27.4
	고등학교	7	3.8
교가를 부르는 정도	매일	5	2.7
	일주일에 1번 이상	56	30.1
	한 달에 1번 이상	17	9.1
	반년에 1번 이상	31	16.7
	일 년에 1번 이상	27	14.5
	부르지 않는다	50	26.9
합계		186	100.0

2) 중국 조선족학교의 교가교육에 대한 인식

(1) 교가에 대한 학생들의 만족도

학생들에게 자신이 현재 다니는 학교 교가에 대해 만족하는지에 대해 물었다. 그 결과를 살펴보면, 다음 〈표 3.3〉에서 보는 바와 같이 '매우 만족한다 + 만족한다'의 긍정적인 의견이 약 59%로 '매우 만족하지 않는다 + 만족하지 않는다'의 약 10%보다 더 높게 나타났다. 이러한 결과는 현재 교가교육이 잘 이루어지지 않고 있는 상황에서 자신의 교가에 대해서는 긍정적인 평가를 하고 있음을 알려주는 지표라고 할 수 있다.[18] 그러나 이러한 긍정적인 평가가 교가에 대해 매우 높은 만족도를 나타낸다고는 볼 수 없었다. 그것은 긍정도 부정도 하지

18 수집된 조선족학교 교가의 가사를 보면 대부분의 교가에는 그 지방의 산과 들, 그리고 강의 이름을 적절히 사용하면서 학교의 특징과 이념을 잘 나타내고 있다. 이것은 교가 창작에 그 학교의 교원이 참여하여 학교 구성원들이 공통적으로 공감대를 형성할 수 있는 교가를 창작하게 되었고 이는 학생들의 만족도를 높이는 주요한 원인이라고 판단된다.

〈표 3.3〉 학교 교가에 대한 만족도

구분		매우 만족한다	만족한다	보통이다	만족하지 않는다	매우 만족하지 않는다	전체	x^2(p)
성별	남	7	27	11	6	4	55	7.899 (.095)
		12.7%	49.1%	20.0%	10.9%	7.3%	100.0%	
	여	16	60	45	8	2	131	
		12.2%	45.8%	34.4%	6.1%	1.5%	100.0%	
학년	소학교	15	59	37	11	6	128	3.716 (.446)
		11.7%	46.1%	28.9%	8.6%	4.7%	100.0%	
	중고등 학교	8	28	19	3	0	58	
		13.8%	48.3%	32.8%	5.2%	.0%	100.0%	
전체		23	87	56	14	6	186	
		12.4%	46.8%	30.1%	7.5%	3.2%	100.0%	

않은 학생의 비율이 30.1%를 차지하였기 때문이다.

이러한 결과에 따라 교가에 대해 만족하지 않는 부분이 있다면 그 이유가 무엇인지를 질문하였다. 그 결과 '교가의 음이 부르기 힘들다'가 19.4%로 가장 높게 나타났고 다음으로 '교가 가사 내용이 마음에 들지 않는다'고 한 경우가 16.7%, '교가가 너무 길다'고 한 경우가 11.7% 등으로 나타났다.

(2) 교가교육의 영향

〈표 3.4〉에서 보는 바와 같이 교가교육의 영향에 대해 살펴보면, '배움의 중요성'이 27.4%로 가장 높게 나타났고, 다음으로 '애교심'과 '애국심'이 각각 16.7%, '아무런 영향 없다'는 의견이 15.6% 순으로 나타났다. 필자는 중화인민공화국 성립 이후부터 2000년대에 개교한 조

〈표 3.4〉 교가교육을 통해 받은 영향

구분		애교심	민족 의식	애국심	중화 문화 자부심	사회주의 찬양	배움의 중요성	아무런 영향 없음	기타	전체	x^2(p)
성별	남	6	7	13	5	2	11	10	1	55	9.143 (.243)
		10.9%	12.7%	23.6%	9.1%	3.6%	20.0%	18.2%	1.8%	100.0%	
	여	25	19	18	4	5	40	19	1	131	
		19.1%	14.5%	13.7%	3.1%	3.8%	30.5%	14.5%	.8%	100.0%	
학년	소학교	21	16	25	6	5	31	23	1	128	6.073 (.531)
		16.4%	12.5%	19.5%	4.7%	3.9%	24.2%	18.0%	.8%	100.0%	
	중고등 학교	10	10	6	3	2	20	6	1	58	
		17.2%	17.2%	10.3%	5.2%	3.4%	34.5%	10.3%	1.7%	100.0%	
전체		31	26	31	9	7	51	29	2	186	
		16.7%	14.0%	16.7%	4.8%	3.8%	27.4%	15.6%	1.1%	100.0%	

선족학교 교가의 가사연구를 통해[19] 이 시기의 교가가 주로 각 시기별 정치적 변화에 따라 공산당과 사회주의 찬양, 배움터 강조, 중화사상, 학교 자랑, 민족정신 등을 담고 있다는 것을 알아냈다. 여기서 교가를 통해 배움의 중요성을 알게 되었다는 사실은 1990년대 이후 교가의 내용 속에 정치적 이념을 최대한 배제하고 배움터로서의 학교를 강조한 학교의 교육목적이 교가교육을 통해 어느 정도 그 성과를 얻었다고 볼 수 있겠다. 이 외에도 사회주의 찬양이나 중화문화, 자부심 등의 영향을 받았다는 의견도 존재하였다.

19 안병삼, 앞의 논문, 2011b년 참조. 본 연구에서는 중국 길림성 각지의 교가를 대상으로 교가에 나타난 단어들을 사회주의 찬양 용어, 중화사상 고취 용어, 민족의식 고취 용어 등으로 나누어 살펴보았다.

(3) 교가 가사에 필요한 내용

학생들이 생각하는 교가 가사에 꼭 필요한 내용은 무엇일까? 〈표 3.5〉에서 보는 바와 같이 조선족학교 교가의 내용으로 가장 필요한 것에 대해 가장 많은 비율인 33.3%의 학생들이 '배움의 중요성'을 강조하는 것이어야 한다고 꼽았다. 다음으로 '민족의식 고취'가 22.6%, '애국심 고취'가 20.4%, '애교심 고취'가 10.2% 등의 순으로 나타났다. 이러한 조사 결과는 요즘 학생들은 과거와 달리 시대적 이데올로기에 민감하지 않고, 개인의 성취를 위해서는 학생으로서 가장 중요한 것이 학습이라는 인식이 깔려 있다고 판단할 수 있다. 하지만 여전히 많은 학생들이 '민족의식'이라고 답한 것을 미루어 짐작하면 중국 내 소수민족으로서의 조선족 민족에 대한 고뇌를 엿볼 수 있다.

〈표 3.5〉 교가의 내용으로 가장 필요한 것

구분		애교심 고취	민족 의식 고취	애국심 고취	중화 주의 고취	사회 주의 찬양	배움의 중요성	기타	전체	x^2(p)
성별	남	5	11	16	1	3	18	1	55	5.522 (.479)
		9.1%	20.0%	29.1%	1.8%	5.5%	32.7%	1.8%	100.0%	
	여	14	31	22	8	6	44	6	131	
		10.7%	23.7%	16.8%	6.1%	4.6%	33.6%	4.6%	100.0%	
학년	소학교	13	25	29	7	6	45	3	128	5.651 (.463)
		10.2%	19.5%	22.7%	5.5%	4.7%	35.2%	2.3%	100.0%	
	중고등 학교	6	17	9	2	3	17	4	58	
		10.3%	29.3%	15.5%	3.4%	5.2%	29.3%	6.9%	100.0%	
전체		19	42	38	9	9	62	7	186	
		10.2%	22.6%	20.4%	4.8%	4.8%	33.3%	3.8%	100.0%	

(4) 교가교육에 대한 필요성 인식 여부

학교에서의 교가교육이 거의 이루어지지 않고 있는 상황에서 교가교육이 앞으로도 계속되어야 한다고 생각하는지 여부에 대해 물었다. 그 결과 〈표 3.6〉에서 보는 바와 같이 '매우 그렇다 + 그렇다'의 긍정적인 의견이 약 61%로 '전혀 그렇지 않다 + 그렇지 않다'의 약 5%보다 압도적으로 높게 나타났다.

〈표 3.6〉 교가교육의 지속에 관한 생각

구분		전혀 그렇지 않다	그렇지 않다	보통이다	그렇다	매우 그렇다	전체	x^2(p)
성별	남	3	3	19	23	7	55	9.377 (.052)
		5.5%	5.5%	34.5%	41.8%	12.7%	100.0%	
	여	0	4	42	57	28	131	
		.0%	3.1%	32.1%	43.5%	21.4%	100.0%	
학년	소학교	2	6	45	51	24	128	2.593 (.628)
		1.6%	4.7%	35.2%	39.8%	18.8%	100.0%	
	중고등 학교	1	1	16	29	11	58	
		1.7%	1.7%	27.6%	50.0%	19.0%	100.0%	
전체		3	7	61	80	35	186	
		1.6%	3.8%	32.8%	43.0%	18.8%	100.0%	

교가교육이 필요한 이유의 경우에는 '학교의 자랑이기 때문에'가 30.4%로 가장 높았으며 다음으로 '민족의식 고취를 위해서' 23.4%, '각 학교의 교육목적을 나타내기 때문에' 21.1%, '학교의 필수요건이므로' 19.9% 등의 순으로 나타났다. 교가가 필요없는 이유에 대한 설문조사에서는 '부르지 않기 때문'이 40.7%, '학습에 도움이 되지 않기

때문'이 25.9%, '교가의 존재 의미가 없기 때문'이 16.7%, '국가(國歌)가 있으므로'가 11.1% 순으로 나타났다.

여기에서 생각해볼 사항은 현재 많은 조선족학교가 교가교육을 잘 운영하지 않는 시점에서 학생들은 교가교육이 필요하다고 생각하고 있다는 점이다. 이것은 지금의 교가교육 부재의 원인이 학생들의 교가에 대한 무관심보다는 학교 당국이나 선생님의 교가교육에 대한 책임감 부재라고 할 수 있겠다.

3) 중국 조선족학교의 교가교육과 민족정체성

(1) 교가교육의 민족단결에 대한 기여도

중국에서 조선족은 민족 간의 단결을 위해 많은 노력을 기울여왔다. 그럼, 교가교육을 통해 조선족이 단결하는 데에는 얼마나 도움이 되었을까? 〈표 3.7〉에서 보는 바와 같이 교가가 민족단결에 도움이 된다고 생각하는지 여부에 대해 살펴보면 '매우 그렇다 + 그렇다'의 긍정적인 의견이 약 36%로 '전혀 그렇지 않다 + 그렇지 않다'의 약 11%보다 더 높게 나타났다. 하지만 강한 긍정도 부정도 하지 않은 '보통이다'라고 한 학생이 97명으로 약 52%를 차지하여 답변자의 절반이 교가의 민족단결에 대한 기여도를 잘 인식하지 못하는 것으로 나타났다.

여기서는 두 가지 시각으로 바라보아야 할 것 같다. 첫째, 교가교육이 잘 이루어지지 않은 결과이다. 교가교육은 단순히 하나의 학교 노래를 부르는 것이 아니라 이 노래를 통하여 그 속에 담긴 학교 혹은 민족의 숨은 키워드를 찾아가는 행위이다. 이에 교가교육이 잘 이루어지지 않는다면 그 속의 많은 함축된 의미를 지닌 교가를 이해하기란 불

<표 3.7> 교가교육의 민족단결에 대한 기여도

구분		전혀 그렇지 않다	그렇지 않다	보통이다	그렇다	매우 그렇다	전체	x^2(p)
성별	남	2	5	25	19	4	55	1.787 (.775)
		3.6%	9.1%	45.5%	34.5%	7.3%	100.0%	
	여	5	10	72	34	10	131	
		3.8%	7.6%	55.0%	26.0%	7.6%	100.0%	
학년	소학교	4	13	68	32	11	128	5.126 (.275)
		3.1%	10.2%	53.1%	25.0%	8.6%	100.0%	
	중고등학교	3	2	29	21	3	58	
		5.2%	3.4%	50.0%	36.2%	5.2%	100.0%	
전체		7	15	97	53	14	186	
		3.8%	8.1%	52.2%	28.5%	7.5%	100.0%	

가능하다고 할 수 있다. 다시 말해 교가는 노래를 배우면서 선생님들의 교가 내용에 대한 자세한 설명을 통해 학생들에게 전달되고 그 뜻을 학습해야 하는 것이다.

둘째, 설문지 조사에 참여한 학생들 대부분이 재학생들로 나이가 어린 10대여서 그 효과에 대해 잘 인지하지 못하는 것이다. 비록 어린 시절부터 조선족이라는 자신의 정체성에 대해 항상 느끼고 있지만 민족단결이라는 말이 혹 너무 무거운 주제이거나 이해하기 힘든 단어일 수 있기 때문이다. 그러나 학교를 졸업하고 사회에 나가면 학생 시절 배웠던 것들이 이 사회에서 어떤 역할을 하는지 느낄 때가 많다. 교가교육 역시 졸업 후 동창생들의 모임을 통해 자연스럽게 부각될 것이고 이를 통해 서로 간의 관계는 더욱 돈독해질 것이다.

(2) 조선어 교가에 대한 인식

학생들에게 교가를 우리 민족의 언어인 조선어로만 부르는 것이 좋다고 생각하는지 물었다.[20] 그 결과 〈표 3.8〉에서와 같이 교가를 조선어로만 부르는 것이 좋다고 생각하는 '매우 그렇다 + 그렇다'의 긍정적인 답변이 약 40%로 '전혀 그렇지 않다 + 그렇지 않다'의 약 15%보다 더 높게 나타났다. 하지만 조선어로만 부르는 것에 대해 별다른 반응을 보이지 않은 '보통이다'가 81명으로 약 43%로 차지하였다.

이러한 결과는 교가가 조선어나 중국어로 되어 있는 것은 표면적인 차이일 뿐 매우 중요한 요소로 생각하지 않는다는 것으로 받아들

〈표 3.8〉 조선어 교가 애창에 대한 동의 여부

구분		전혀 그렇지 않다	그렇지 않다	보통이다	그렇다	매우 그렇다	전체	x^2(p)
성별	남	1	3	31	13	7	55	6.912 (.141)
		1.8%	5.5%	56.4%	23.6%	12.7%	100.0%	
	여	4	21	50	36	20	131	
		3.1%	16.0%	38.2%	27.5%	15.3%	100.0%	
학년	소학교	3	19	55	32	19	128	1.723 (.787)
		2.3%	14.8%	43.0%	25.0%	14.8%	100.0%	
	중고등학교	2	5	26	17	8	58	
		3.4%	8.6%	44.8%	29.3%	13.8%	100.0%	
전체		5	24	81	49	27	186	
		2.7%	12.9%	43.5%	26.3%	14.5%	100.0%	

20 필자가 중국 동북3성 조선족학교 교가를 수집한 결과 대부분의 교가들은 조선어로만 이루어져 있었다. 그것은 조선족학교의 교가이기도 하지만 그것을 창작한 사람들이 조선어를 할 줄 아는 조선족이기 때문이기도 하다. 실제로 중국어 교가가 존재하는 학교를 보면 조선족학교에 근무하는 선생님이 한족이거나 조선어를 못하는 조선족인 경우가 많았다.

일 수 있다. 이것은 자신들이 조선족학교에 다니고 있지만 일상생활이나 학교생활에 있어 중국어로써 의사소통을 하고 있기 때문에 중국어에 대한 거부감이 없다는 반증이기도 하다.[21]

(3) 교가의 민족의식 고취 여부

학생들에게 교가를 통하여 민족의식을 고취시킬 수 있었다고 생각하는지에 대해 물었다. 〈표 3.9〉에서 보는 바와 같이 '매우 그렇다 + 그렇다'의 긍정적인 의견이 약 39%로 '전혀 그렇지 않다 + 그렇지 않다'의 약 10%보다 더 높게 나타났다. 하지만 39%의 긍정적인 답변보다 더 많은 50%의 학생들이 긍정과 부정 사이에서 애매모호한 태도를 보이고 있었다. 이러한 결과는 교가를 통하여 민족의식을 고취시키려는 학교의 교육적 목적이 잘 이루어지지 않았음을 나타내며, 그 원인은 교가교육이 잘 이루어지지 않았기 때문이라고 할 수 있다.

중국에서 조선족학교가 설립되던 초기부터 많은 학교에서 교가를 통해 민족의식을 강조하였다. 이를 위해 조선족학교는 민족의식과 관련된 단어를 교가 가사에 넣었다. 이러한 전통은 중화인민공화국이 성립한 이후에도 계속해서 나타났다. 그러나 구한말의 민족의식과 중화인민공화국 시기의 민족의식에는 확연히 다른 뜻이 담겨 있다. 중화인민공화국 이전의 민족의식은 나라 잃은 민족이 지닐 수 있는 독립을 향한 민족정체성이었으며, 미래의 독립국가에서 다시 옛날 조상들이 이룩했던 찬란한 민족문화를 꽃피워야 한다는 것이었다. 그러나 중화

21 조선족학교의 언어 사용은 한족화가 이미 많이 진행되어 있었다. 필자가 동북3성의 조선족학교를 다니면서 파악한 사실은 조선족학교 수업시간에도 중국어로 많은 수업들이 진행되고 있었고 조선어문 시간에만 조선어를 그나마 많이 사용하면서 진행하고 있었다. 또한 쉬는 시간이나 친구들 간의 대화에 있어서도 많은 부분 중국어를 사용하고 있는 실정이었다.

〈표 3.9〉 교가를 통한 민족의식 고취 여부

구분		전혀 그렇지 않다	그렇지 않다	보통이다	그렇다	매우 그렇다	전체	x^2(p)
성별	남	4	6	20	21	4	55	7.507 (.111)
		7.3%	10.9%	36.4%	38.2%	7.3%	100.0%	
	여	3	7	71	40	8	129	
		2.3%	5.4%	55.0%	31.0%	6.2%	100.0%	
학년	소학교	4	11	64	38	10	127	4.454 (.348)
		3.1%	8.7%	50.4%	29.9%	7.9%	100.0%	
	중고등학교	3	2	27	23	2	57	
		5.3%	3.5%	47.4%	40.4%	3.5%	100.0%	
전체		7	13	91	61	12	184	
		3.8%	7.1%	49.5%	33.2%	6.5%	100.0%	

인민공화국 이후 교가에 나타난 민족의식은 첫째, 중국 내 소수민족으로서 다른 민족 문화와 조화롭게 어울릴 수 있는 우리 고유의 문화를 계승 · 발전시키기 위한 민족정체성을 말한다. 둘째, 유구한 역사를 지닌 자랑스러운 민족이라는 민족의 자부심을 지니도록 하는 것이었다.[22]

(4) 교가교육과 민족문제의 관련 여부

학생들에게 교가교육이 조선족의 민족문제에 관심을 갖게 하였다고 생각하는지에 대해 물었다. 〈표 3.10〉에서 보는 바와 같이 '매우 그렇다 + 그렇다'의 긍정적인 의견이 약 30%로 '전혀 그렇지 않다 + 그렇지 않다'의 약 11%보다 더 높게 나타났다. 하지만 별다른 반응을 보이지 않은 '보통이다'가 107명으로 약 58%를 차지하였다. 이것은 학

22 안병삼, 앞의 논문, 2011b년, 317쪽 참조.

〈표 3.10〉 교가교육과 민족문제 관련 여부

구분		전혀 그렇지 않다	그렇지 않다	보통이다	그렇다	매우 그렇다	전체	x^2(p)
성별	남	3	3	32	14	3	55	3.834 (.429)
		5.5%	5.5%	58.2%	25.5%	5.5%	100.0%	
	여	3	13	75	26	14	131	
		2.3%	9.9%	57.3%	19.8%	10.7%	100.0%	
학년	소학교	4	10	77	24	13	128	2.717 (.606)
		3.1%	7.8%	60.2%	18.8%	10.2%	100.0%	
	중고등학교	2	6	30	16	4	58	
		3.4%	10.3%	51.7%	27.6%	6.9%	100.0%	
전체		6	16	107	40	17	186	
		3.2%	8.6%	57.5%	21.5%	9.1%	100.0%	

생들이 교가를 매개로 조선족 문제에 관심을 갖도록 하는 것은 그 한계가 있음을 보여주는 것이라고 할 수 있다. 이러한 결과는 제대로 된 교가교육을 통해서만이 조선족의 민족문제에 학생들이 관심을 갖도록 할 수 있다는 것이다.

지금까지 중국 조선족 학생들의 교가교육과 민족정체성에 대해 알아보았다. 이를 통해 교가교육의 민족정체성과 관련된 질문들에서 가장 많은 사람들이 긍정과 부정 사이에서 별다른 반응을 보이지 않았다는 사실을 알 수 있었다. 이러한 모호한 태도는 과거 민족적 의식으로 충만했던 것과 비교해보면 현재 젊은 학생들의 민족정체성에 대한 관심이 매우 적은 결과라고 할 수 있겠다. 동시에 학교에서도 민족정체성 고취를 위한 교육이 제대로 이루어지지 않은 결과이다. 특히 조선족학교의 교가교육이 학생들의 민족정체성 제고에 뚜렷한 역할을 못 하고 있다는 것이다. 반대로 말하면 이것은 교가교육의 중요성을 보여주는 결과라고 할 수 있겠다. 교가교육이 정상적으로 이루어진다는 것은 조선족 학생들에게 민족정체성을 심어줄 수 있는 좋은 계기가 될 수 있을 것이다.

4) 중국 조선족학교의 교가교육에 대한 관심도

(1) 교가에 대한 정보 인지 여부

❶ 창작연도

학생들은 현재 다니는 학교의 교가에 대해 얼마나 알고 있을까? 특히 교가가 언제 만들어졌는지 알고 있는 학생들은 얼마나 될까? 〈표 3.11〉에서 보는 바와 같이 현재 자신이 다니는 조선족학교 교가가 언제 만들어졌는지에 대해 '잘 모른다'고 답변한 학생이 121명으로 65.1%를 차지하여 가장 높은 비율을 차지하였다. '알고 있다'고 한 학생은 단지 3명으로 1.6%를 차지하여 대부분이 교가의 창작연도를 모르고 있었다.

필자가 현지조사를 통해 파악한 사실에서도 교가의 창작연도를 아는 사람은 거의 없었다. 이러한 이유는 첫째, 교가의 인쇄물에 교가의 창작연도가 표시되어 있지 않은 경우가 많았다. 교가를 통하여 알 수 있는 정보는 작곡가와 작사가가 전부이다. 둘째, 교가 창작에 대한 기록이 없다. 따라서 교가의 창작자가 학교를 떠난다면 그 이후에 그 교가가 언제 어떻게 만들어졌는지 알 수가 없다. 이렇게 된 근본적인 이

〈표 3.11〉 교가의 창작연도 인지 여부

구분		알고 있다	잘 모른다	전체	x^2(p)
성별	남	1	37	55	.217 (.897)
		1.8%	67.3%	100.0%	
	여	2	84	131	
		1.5%	64.1%	100.0%	
학년	소학교	1	85	128	1.909 (.385)
		.8%	66.4%	100.0%	
	중고등 학교	2	36	58	
		3.4%	62.1%	100.0%	
전체		3	121	186	
		1.6%	65.1%	100.0%	

유는 조선족학교가 교가에 대한 기록을 남기지 않기 때문이다. 학교마다 교가의 유무 및 자세한 정보가 기록으로 남아 있지 않다.[23] 이에 앞으로 교가교육과 더불어 교가의 창작 배경 및 기타 정보에 대해서도 교육이 이루어져야 할 것이다.

❷ 작사 · 작곡가

그럼, 자신이 현재 다니는 학교 교가의 작사가와 작곡가에 대해서는 알고 있을까?[24] 〈표 3.12〉에서 보는 바와 같이 자신이 다니는 학교 교가를 누가 만들었는지 질문했더니 '잘 모른다'고 한 학생이 136명으로 73.5%를 차지하여 가장 높은 비율을 보였다. 또한 교가의 작사가와 작곡가를 '모두 안다'고 한 학생은 10명으로 5.4%를 차지하였다.

23 안병삼, 앞의 논문, 2011c년, 385쪽 참조.

24 조선족학교 교가의 작사가와 작곡가 현황을 통하여 나타난 특징은 다음 논문을 참조하면 쉽게 이해할 수 있을 것이다. 안병삼, 앞의 논문, 2011a년, 396-407쪽.

〈표 3.12〉 교가의 창작자 인지 여부

구분		알고 있다	잘 모른다	전체	x^2(p)
성별	남	4	40	54	.806 (.668)
		7.4%	74.1%	100.0%	
	여	6	96	131	
		4.6%	73.3%	100.0%	
학년	소학교	6	100	128	4.585 (.101)
		4.7%	78.1%	100.0%	
	중고등 학교	4	36	57	
		7.0%	63.2%	100.0%	
전체		10	136	185	
		5.4%	73.5%	100.0%	

(2) 현재 다니는 학교의 교가를 부를 수 있는지 여부

중국 조선족 학생들에게 현재 자신이 다니는 학교의 교가를 부를 수 있는지를 물었다. 〈표 3.13〉에서 보는 바와 같이 '교가를 부를 수 있다'고 한 학생이 63명으로 33.9%를 차지하여 가장 높게 나타났다. '교가를 부를 수 없다'고 한 학생도 54명으로 29.0%, '부분적으로 부른다'고 한 학생은 46명으로 24.7%, '한 소절이나 두 소절 부른다'고 한 학생은 23명으로 12.4%를 차지하는 것으로 나타났다.

이러한 결과로 볼 때, 완벽하게 교가를 부를 수 있는 학생의 비율은 높지 않고 부분적으로 부를 수 있는 학생의 비율이 높았다. 이에 대부분의 학생들은 교가의 첫 부분이나 반복되는 후렴구를 중심으로 몇 소절을 읊조릴 수 있는 수준이라고 할 수 있다. 그 이유는 무엇보다도 학생들에 대한 학교의 교가교육 소홀이라고 말할 수 있다. 학교와 학생들의 무관심 속에서 학교의 교가교육이 이루어지지 않았고, 그 결과로 학생들이 모교 교가를 부를 수 있는 능력은 상실되었다고 말할 수

〈표 3.13〉 교가를 부를 수 있는지 여부

구분		부를 수 있다	부를 수 없다	부분적으로 부른다	한 소절이나 두 소절 부른다	전체	x^2(p)
성별	남	13	21	17	4	55	7.510 (.057)
		23.6%	38.2%	30.9%	7.3%	100.0%	
	여	50	33	29	19	131	
		38.2%	25.2%	22.1%	14.5%	100.0%	
학년	소학교	41	39	28	20	128	5.583 (.134)
		32.0%	30.5%	21.9%	15.6%	100.0%	
	중고등학교	22	15	18	3	58	
		37.9%	25.9%	31.0%	5.2%	100.0%	
전체		63	54	46	23	186	
		33.9%	29.0%	24.7%	12.4%	100.0%	

있다.

이에 중국 조선족 학생들에게 교가를 부를 수 없는 이유에 대해 심층적으로 질문을 하였다. 〈표 3.14〉에서 보는 바와 같이 '배운 적이 없어서'가 25.5%로 가장 높게 나타났고 다음으로 '잘 몰라서, 잊어버려

〈표 3.14〉 교가를 부를 수 없는 이유

구분	명수	비율(%)
배운 적이 없어서	25	25.5
잘 몰라서, 잊어버려서	22	22.4
자주 부르지 않거나 부른 적이 없어서	19	19.4
교가 자체가 부르기 어려워서	20	20.4
기타	12	12.2
합계	98	100.0

*의견자만 처리.

서'가 22.4%, '교가 자체가 부르기 어려워서'가 20.4%, '자주 부르지 않거나 부른 적이 없어서'가 19.4% 순으로 배운 적이 없거나 잘 모르고 잊어버려서 교가를 부를 수 없다는 의견이 과반수 가까이 되었다.

(3) 교가 가사에 넣고 싶은 인물

학생들에게 학교의 교가 가사에 넣고 싶은 인물과 그 이유에 대해 물었다. 〈표 3.15〉에서 알 수 있듯이 교가 가사에 가장 넣고 싶은 사람의 경우, 중화인민공화국을 건립한 모택동이 26.0%로 가장 높게 나타났고 학교 선생님이 17.9%, 기타 중국 위인이 11.0% 등의 순으로 나타났다. 이러한 결과를 통해 알 수 있는 것은 첫째, 중국 영웅을 많이 언급한 반면 한국역사에 등장하는 민족영웅은 거의 언급되지 않았다는 사실이다. 이를 통하여 발견할 수 있는 문제점은 조선족 학생들이 한민족의 역사 혹은 민족영웅에 대해 잘 모르고 있다는 사실이다.[25] 이러한 경향은 중국의 소수민족 동화정책과도 긴밀한 관련이 있다고 하겠다.

둘째, 학교 선생님을 교가에 넣고 싶다는 의견이 많았다는 사실이다. 자신들이 잘 모르는 역사 속 인물보다는 자신들의 곁에서 항상 도와주는 선생님을 더욱 중요하게 여기고 있다는 사실이다. 위에서 언급한 인물들을 교가 가사에 넣고 싶은 이유로는 그들이 훌륭한 사람이고 그들을 존경해서가 32.4%로 가장 높았고 다음으로 그들의 위대한 업적 때문에가 25.0%, 제일 지위가 높은 사람 혹은 우리를 가르쳐주기 때문이라고 한 사람이 각각 5.9% 등으로 나타났다.

---

25 실제로 필자가 만난 조선족학교의 학생들 대부분은 한민족의 역사나 한민족 영웅에 대해 잘 모르고 있었다. 그러나 특이한 것은 학생들이 한민족 역사나 영웅에 대해 알게 되는 주요한 통로가 텔레비전 역사드라마라는 사실이다. 이러한 현실 극복을 위해서는 조선족학교에서 좀 더 한민족의 역사교육이 강화되어야 할 것으로 생각된다.

〈표 3.15〉 교가 가사에 넣고 싶은 사람과 그 이유

구분		명수	비율(%)
넣고 싶은 사람	모택동	45	26.0
	학교 선생님	31	17.9
	이순신	11	6.4
	뢰봉	16	9.2
	기타 한국 위인	7	4.0
	기타 중국 위인	19	11.0
	없음, 모름	18	10.4
	기타	26	15.0
합계		173	100.0
넣고 싶은 이유	중국의 주석이라서, 제일 높은 사람이라서	8	5.9
	우리를 가르쳐주기 때문에	8	5.9
	위대한 업적 때문에	34	25.0
	훌륭한 사람이라서, 존경해서	44	32.4
	유명한 사람이라서	2	1.5
	조국을 사랑하기 때문에	3	2.2
	이유 없음	2	1.5
	기타	35	25.7
합계		136	100.0

*의견자만 처리.

(4) 교가교육에 대한 희망사항

학생들에게 〈표 3.16〉에서 보는 바와 같이 조선족학교 교가에 대해 남기고 싶은 말, 하고 싶은 말에 대해 살펴보았다. '교가를 더 자주 부르고 가르쳐줬으면 좋겠다'와 '교가가 더 쉬웠으면 좋겠다와 짧았으면 좋겠다'가 각각 17.1%로 가장 높게 나타났고 다음으로 '교가가 더 좋아졌으면 좋겠다' 5.5%, '학교가 자랑스럽다' 4.3% 등의 순으로 나타

〈표 3.16〉 교가교육에 대해 남기고 싶은 말

구분	명수	비율(%)
교가를 더 자주 부르고 가르쳐줬으면 좋겠다	28	17.1
교가가 더 쉬웠으면 좋겠다, 짧았으면 좋겠다	28	17.1
학교가 자랑스럽다	7	4.3
교가에 위인을 넣으면 좋겠다	6	3.7
듣기 좋음	5	3.0
교가가 더 좋아졌으면 좋겠다	9	5.5
교가가 있으면 좋겠다	5	3.0
조국이 사랑스럽다	4	2.4
없음	8	4.9
기타	64	39
합계	164	100.0

*의견자만 처리.

났다. 교가와 관련하여 학생들의 하고 싶은 말 중 가장 많이 나온 이야기는 교가를 더 많이 배우고 싶고 부르고 싶다는 의외의 결과가 나왔다. 현재 교가교육이 잘 이루어지지 않는 것은 학생의 의지 부족이 아니라 학교 당국과 선생님들의 의지라는 사실을 보여준다고 할 수 있다. 학생들은 교가를 잘 배우고 싶지만 가르쳐주는 사람이 없다는 것이다. 이에 학교에서 학교 교가에 대한 교육을 실시해야 할 것이다. 이를 통해 그동안 제기되어온 조선족 학생들의 민족정체성 문제는 물론 조선족사회의 여러 문제도 해결될 것으로 판단된다.

5. 맺음말

필자는 중국 동북3성을 돌아다니면서 1906년 중국 조선족 최초의 근대교육기관인 서전서숙(瑞甸書塾)의 교가를 비롯하여 현존하는 조선족학교 교가는 물론 이미 폐교된 조선족학교 교가를 수집 · 연구하였다. 이러한 과정에서 실제로 운영되고 있는 조선족학교들의 교가교육 현장을 바라보면서 많은 안타까운 생각이 들었다. 교가가 없어서 부르지 못하는 학교도 있었지만, 교가는 있으나 부르지 않는 학교가 더욱 많았다. 그 결과 예전에는 교가를 통하여 학생들에게 자연스럽게 교육되었던 조선족학교의 교육이념, 민족의식, 애교심, 애향심 등의 교육이 사라져 수많은 학생들이 자신의 학교 뿌리는 물론 민족의식, 조선어의 중요성 등 많은 부분을 인지하지 못하게 되었다.

이에 본 연구는 현재 중국 동북3성의 조선족학교 교가의 운영실태와 더불어 교가교육과 관련한 설문조사를 실시하여 현재 중국 동북3성의 조선족학교 교가교육의 상황을 파악하고 학생들의 교육적 효과를 알아보았다. 이를 위해 본 연구에서는 교가가 있는 조선족학교 학생을 대상으로 일반적 특성과 그들이 교가를 배워온 상황을 파악하고, 조선족 학생들의 교가교육에 대한 인식, 교가교육과 민족정체성, 교가에 대한 관심도 등으로 구분하여 고찰하였다. 본 연구의 주요한 결과를 요약하면 다음과 같다.

첫째, 중국 조선족 학생들의 교가교육에 대한 인식을 알아본 설문조사의 결과는 다음과 같았다. 교가에 대한 학생들의 만족도와 교가교육의 필요성에 대해 모두 부정적인 의견보다 긍정적인 의견이 매우 높게 나타났다. 이러한 결과는 학생들이 자신이 현재 다니는 학교의 교가에 대해 만족하고 있으며 교가의 필요성에 대해서도 동의하고 있음을 알 수 있었다. 이것을 바탕으로 추정하면, 현재 교가교육이 잘 이루어지지 않고 있는 이유는 학생들의 교가에 대한 불만족 때문이 아니라는 점이다. 이와 더불어 학생들이 교가교육을 통해 가장 깊은 영향을 받은 것과 조선족학교 교가의 내용으로 가장 필요한 것에 대해서는 모두 '배움의 중요성'이라는 의견이 가장 높게 나타났다. 이러한 결과는 이전의 정치적 이데올로기를 최대한 배제하고 배움터로서의 학교를 강조하려는 최근의 교가 창작 경향을 잘 보여주는 것이라고 할 수 있다.

둘째, 중국 조선족 학생들의 교가교육과 민족정체성에 대한 설문조사 결과는 다음과 같았다. 조선족학교 교가가 민족단결에 도움이 된다고 확신을 가지고 있는 경우가 많지 않았고, 교가를 통하여 민족의식을 고취시킬 수 있었다고 생각하는 경우도 많지 않았다. 교가교육이 민족문제에 관심을 갖게 하였다는 생각에도 적극적인 동의를 표시하지 않았다. 이러한 설문조사 결과는 현재 조선족학교 교가교육이 조선족 학생들의 민족정체성 제고에 한계가 있음을 보여주고 있어 문제의 심각성이 매우 크다고 할 수 있겠다. 이러한 원인은 조선족학교에서 교가교육이 제대로 이루어지지 않았기 때문이다. 반대로 말하면 교가교육의 중요성을 보여주는 결과라고 할 수 있다. 교가교육이 정상적으로 이루어진다는 것은 조선족 학생들에게 민족정체성을 심어줄 수 있는 좋은 계기가 될 수 있을 것이다.

셋째, 중국 조선족 학생들의 교가에 대한 관심도에 대한 설문조사 결과는 다음과 같았다. 자신의 현 학교 교가를 언제 누가 만들었는지 안다고 한 학생보다 모른다고 한 학생의 비율이 훨씬 높게 나타났다. 또한 교가를 부를 수 있다고 한 학생보다는 부분적으로 부를 수 있다고 한 학생의 비율이 높게 나타났다. 이를 통해, 학생들의 교가에 대한 관심이 매우 낮음을 알 수 있었다. 조선족 학생들이 학교의 교가 가사에 넣고 싶은 인물을 조사한 결과를 살펴보면, 대부분의 학생들이 중국의 영웅을 많이 언급한 반면 한민족의 민족영웅은 거의 언급하지 않았다. 이는 조선족 학생들이 자신의 민족역사 및 민족영웅에 대한 이해가 부족하다고 이해할 수 있다. 이러한 경향은 중국의 소수민족 동화정책과도 긴밀한 관련이 있다고 하겠다. 여기서 특이한 점 하나는 학교 선생님을 교가에 넣고 싶다는 의견이 많았다는 것이다. 자신들이 잘 모르는 역사 속 인물보다는 곁에서 애쓰시는 선생님을 더욱 중요하게 인식하고 있다는 사실이다. 교가교육과 관련하여 가장 말하고 싶은 바로는 교가를 더 자주 부르고 가르쳐줬으면 좋겠다는 것이다. 이는 현재 교가교육이 제대로 진행되지 않고 있는 것은 학생의 의지 부족이 아니라 학교 당국과 선생님들의 의지 부족이라는 사실을 설명해준다고 할 수 있다.

결론적으로, 현재 진행되고 있는 조선족학교의 부실한 교가교육은 학생들에게 교가에 대한 지식 및 그 교육적 의미도 전달할 수 없을 뿐만 아니라 민족적 의식도 고취할 수 없다. 다만 학생들이 교가에 대한 필요성을 인식하고 있다는 점에서 학교 당국의 적극적인 교가교육이 필요한 시점이라고 하겠다.

2012년 2월 9일 국회의원회관 대회의실에서는 교육과학기술부 주최로 '국악교가 개발 및 확대방안 연구' 결과 발표회를 개최하여 전국

13개 학교의 교가가 국악으로 새롭게 태어났다.[26] 이처럼 중국 조선족학교에서도 지금의 교가를 부르지 않는 풍토에서 벗어날 수 있는 획기적인 새바람이 일어나기를 바란다. 지금이라도 중국의 조선족학교가 교가에 대한 소중함을 다시 인식하고 새롭게 발전시키려는 움직임을 보일 때 중국 조선족사회의 미래도 훨씬 주체적인 민족의식이 충만한 사회가 될 것이다. 다시 한 번 중국 조선족학교가 현재의 침체해 있는 분위기를 일소하고 교가를 다시 애창하는 새로운 분위기가 조성되기를 희망한다.

26 송창헌, "전남 최초 국악반주 교가 화제", 뉴시스, http://www.newsis.com/ar_detail/view.html?ar_id=NISX20120917_0011451265&cID=10809&pID=10800. 전남문화예술재단이 전남지역 최초로 교가를 흥겨운 우리 가락인 국악반주로 제작하기도 하였다. 전남문화예술재단은 전남도 교육청과 공동으로 2012년 9월 21일 전남 도립도서관에서 기존 교가를 국악 풍 반주로 편곡한 '국악반주 교가 제작발표회'를 개최하였다. 이번 발표회에는 시범학교 9곳을 비롯해 전남지역 각 급 학교 관계자 100여 명이 참석하였고, 시범학교는 나주북초등학교를 비롯, 나주 산포초, 강진 신전초, 장흥 안양초, 완도 중앙초, 순천 왕지초, 광양 태인초, 영광 홍농초, 담양창평고 등 모두 9개 학교였다.

IV

중국 조선족학교의 '교표(校標)문화' 연구

1. 머리말

700여만 명의 한민족이 세계 곳곳에서 뿌리를 내리고 살아가고 있는 지금 중국에 살고 있는 한민족인 조선족[1]은 비교적 우리의 전통 문화를 잘 보존하면서 생활하고 있는 중요한 해외 한민족 중 하나이다.[2] 그러나 최근 들어 조선족 집거지가 많이 있는 동북3성의 조선족사회는 인구의 감소에 따른 많은 문제점에 봉착하고 있다.[3] 특히 마을마다

---

1 조선족이라는 용어는 때와 장소에 따라 그리고 사람에 따라 아주 다양하게 사용되고 있다. 중화인민공화국 건립 전에는 한반도에서 이주 온 이주민들을 조선인, 한인, 고려인으로 불렀고, 이들이 운영하는 학교나 이들 자녀가 주로 다니는 학교를 한인학교, 조선인학교, 고려학교로 불렀다. 중국의 건립에 즈음하여 중국 정부는 국내의 소수민족을 55개로 공식화하고 그중 한인계 중국인을 조선족으로 지칭했다. 문정매, 앞의 논문, 2007년, 7쪽. 중국에 사는 한민족에 대한 명칭은 중국동포, 재중동포, 조선족 등 많이 혼용되어 사용되고 있는 것이 사실이다. 본문에서는 중국 정부에서 한민족을 부르는 명칭인 조선족이라고 부르겠다.

2 정인갑은 세계 한민족 공동체 속에서 조선족이 중요한 이유로 다음 여섯 가지를 들고 있다. 첫째, 인구가 많다. 둘째, 고유한 문화영역을 갖고 있다. 셋째, 한글교육을 제대로 하고 있다. 넷째, 중국 사회에서 정치적 지위가 높다. 다섯째, 민족의식이 강하면서도 타민족에 대해 관용적이다. 여섯째, 모국(한국)과 인접하여 남북한 통합을 위한 완충 역할을 할 수 있다. 정인갑, 「한민족공동체와 재중동포의 현황과 전망」, 『21세기 한민족공동체형성과 과제』, 해외한민족연구소 주최 국제학술회 발표논문집, 1998년 11월 25일, 99-112쪽.

3 현재 동북3성의 조선족 사회는 인구의 감소라는 현실 아래 조선족 집거지가 급속도로 붕괴되고 있다. 2000년 제5차 중국 인구조사 통계에 의하면 중국의 조선족 인구는 192만 3,842명으로, 1990년 제4차 중국 인구조사 통계에서 나타난 192만 3,361명과 비교하면 겨우 481명이 증가하는 데 그쳤다. 인구가 약 200만 명이나 되는 민족이 10년간 겨우 481명이 증가하였다는 사실은 중국 조선족 인구문제가 얼마나 심각한지를 보여준다고 할 수 있다. 중국 조선족 인구감소의 중요한 요인은 단연 출생률 저하이다. 출산능력을 가진 여성들의 국외 진출과 국제결혼은 중국 내 조선족 출생률을 저하시키는 직접적인 영향이 되었다. 더 심각한 문제는 이러한 조선족의 국내이동과 해외이동으로 인하여 조선족 집거지가 붕괴되고 있다는 사실이

존재하면서 100년이 넘는 동안 조선족들의 단결과 화합을 도모하면서 민족공동체의 구심점 역할을 충실히 하였던 조선족학교의 폐교는 조선족 사회를 더욱 빠르게 붕괴시키고 있다.[4]

다행히 이러한 상황에서 조선족 교육에 관한 역사적 사실들을 기록하고 보존하는 작업이 한창 진행 중이며, 그 성과로 지금까지 조선족교육에 관한 책들이 많이 출판되었다. 그 유형을 보면, 각 지역별로 교육지(教育志)가 있고, 교육사(教育史), 교육연감(教育年鑑), 학교지(學校志), 교육사료집(教育史料集) 등 실로 다양하다.[5]

하지만 이런 서적들은 공통적으로 대부분 학교의 규모나 역대 교장이나 교원들의 인적사항, 학교 경비, 개설 교과목, 학교 역사 등을 중심으로 서술하고 있을 뿐이어서 다양한 '학교문화'를 다루는 데 한계를 노출하고 있다. 예를 들어, 학교의 건학이념이나 교훈, 삼풍(三風:

다. 안병삼, 앞의 논문, 2011b년, 293쪽 참조.

4 가장 많을 때에는 중국 전역에 1,500여 개의 조선족학교가 운영되고 있었지만 1992년 한·중 수교를 기점으로 조선족학교는 점점 감소하는 추세를 보였다. 2003년 통계에 의하면 전체 학교의 60%인 900여 개 학교가 폐교되었다. 문정매, 앞의 논문, 2007년, 1쪽 참조. 필자가 2014년부터 2015년까지 동북3성을 조사한 결과 현재 운영되고 있는 순수한 조선족학교는 더욱 적었다. 지역별로는 길림성 조선족학교는 100여 개교, 흑룡강성 조선족학교는 40여 개교, 요녕성의 조선족학교는 30여 개교였다. 문제의 심각성은 현재 전체 학생 수가 10명 미만 혹은 수십여 명인 폐교할 수밖에 없는 학교가 매우 많다는 사실이다.

5 東北朝鮮民族教育科學研究所 編, 앞의 책, 1998년; 동북조선민족교육과학연구소 편, 『중국 조선족학교 현황지』, 연변교육출판사, 2005년; 중국조선민족교육사료집 편찬위원회, 앞의 책, 2000년; 허청선 외 주편, 앞의 책, 2000년; 최범수 외 편, 앞의 책, 1993년; 吉林省地方誌編纂委員會, 『吉林省誌·教育誌』(卷37), 吉林人民出版社, 1992년; 許青善·姜永德 主編, 『中國朝鮮族教育史』, 延邊教育出版社, 2009년; 辽宁省地方誌編纂委員會办公室, 『辽宁省誌·教育誌』, 辽宁大学出版社, 2001년; 최상록 외 편, 앞의 책, 1995년; 沈陽市民委民族志編纂办公室編, 『沈陽朝鮮族志』, 遼寧民族出版社, 1989년; 李鐘太 外 主編, 『沈陽市民族教育百年史』, 辽宁民族出版社, 2012년; 辽宁省教育志編纂委員會 主编, 『辽宁省普通教育年鑑』, 辽宁大学出版社, 1989년; 목릉조선민족교육사편찬위원회, 『목릉조선민족교육사』, 흑룡강조선민족출판사, 2004년; 吉林市民族事務委員會, 『吉林市朝鮮族誌』(1907-1988), 内部資料, 1999년.

校風, 教風, 學風), 교가, 교목, 교화, 교표 등은 대부분 저서에서 찾을 수가 없다. 필자는 이러한 출판 경향에 주목하여 기존의 서적에서 다루지 못한 그동안 조선족학교가 이룩한 다양한 '학교문화'를 연구해야 하는 필요성을 절감하게 되었다. 이러한 작업 역시 지금 하지 않는다면 조선족학교가 폐교된 이후에는 자료가 소실되어 연구할 수 없는 시간을 다투는 중요한 작업이기 때문이다. 또한 이러한 연구는 한민족의 문화영역을 확대하는 한국학적 시각에서도 필요한 작업으로,[6] 한민족의 해외 민족학교인 조선족학교가 창조한 '학교문화'의 소실을 극복하는 의미 있는 작업이라고 생각한다. 본문에서 다루고자 하는 것은 조선족학교 폐교와 함께 사라져가는 '학교문화' 중 학교의 교표(校標)에 관한 것이다.

교표의 사전적 의미는 학교를 상징하는 무늬를 새긴 휘장이다. 여기서 휘장이란 신분이나 직무, 명예 따위를 나타내는 띠, 리본, 배지 따위의 표지(標識)를 의미한다. 중국에서는 교휘(校徽)라고 부르며, 한국에서는 교표 이외에도 학교 마크, 학교 로고(logo) 등으로 불린다. 교표는 보통 기본 도안(디자인)을 바탕으로 한 교모, 교기, 교복, 배지 등 다양한 방식을 통해 학교와 학생을 연결한다. 다시 말해, 교표란 학교의 정신이나 메시지를 표현하기 위해 부호나 문자, 그리고 그림 등을 이용한 학생의 신분, 직무, 명예 등을 나타낸 것이라고 할 수 있다. 사실, 한

6 민족문화영 역은 중국 조선족, 나아가 전 세계 한민족에 대한 정책적 접근의 상위 목표로 활용할 수 있는 개념이다. 혈연을 바탕으로 하되, 민족문화의 공감대를 바탕으로 내부의 이질적 요소를 극복하고 상호 이해에 의한 문화통합과 외부에 대한 관용으로 결합된 개념적 공간이 민족문화 영역이다. 민족문화 영역이라는 열린 공간을 통해 민족통합에 우회적으로 접근함으로써 세계화의 원심력에 효과적으로 맞설 수 있는 인구집단으로서의 기본 단위를 창출한다는 개념이다. 이종철, 「중국과 중남미의 한인사회: 민족문화영역(民族文化領域)의 관점에서 본 재중동포정책(在中同胞政策) 방향(方向)」, 『국제지역연구』 제4권 2호, 한국외국어대학교 국제지역연구센터, 2000년, 3쪽.

단체를 한눈에 상대방에게 인식시키고 설명하기 위해 기업체들은 일찍부터 회사 로고를 사용해왔다. 오늘날 세계적인 기업인 애플이나 삼성은 회사의 로고 하나만으로도 그 기업이 어느 기업인지를 누구나가 알 수 있게 만들었다.

지금까지 조선족학교의 '학교문화' 중 학교의 교표(校標)에 관한 연구는 전혀 이루어지지 않고 있다. 그러나 교표가 추상적인 학교의 이념이나 사상을 시각화한 결과물이라는 점에서 매우 의미가 있다. 또한 기본 도안을 바탕으로 교기, 교복, 배지 등 다양한 통로를 통해 여러 장소에서 광범위하게 적용될 수 있다는 점에서 '학교문화' 중 시각문화를 연구할 때에는 가장 중요한 연구대상 중 한 분야라고 하겠다. 따라서 본 연구는 기존의 연구와는 다른 새로운 영역을 개척하는 의미가 있다고 생각한다.

필자는 2014년부터 지금까지 조선족학교를 돌아다니면서 동북3성의 조선족학교 교표를 수집하였다. 그 결과 길림성 조선족학교 교표 40개, 흑룡강성 조선족학교 교표 15개, 요녕성 조선족학교 교표 19개를 수집하여 모두 74개를 수집하였다. 이를 토대로 동북3성 조선족학교 교표를 분석하여 그 특징과 내용을 알아보고자 한다.

2. 중국 조선족학교 교표의 분석

교표는 중국 조선족학교 '학교문화' 중 시각문화(visual culture)에 속한다. 시각문화는 문화적 내용을 포함하는 시각 이미지라는 뜻으로, 눈으로 볼 수 있으면서 문화적인 요소를 담고 있으면 모두 시각문화라고 할 수 있다. 많은 연구자들은 다양한 시각자료를 특정한 방식으로 이해하고 감상할 수 있도록 학문적 연구대상으로 정립하기 위해 노력하고 있다. 생활 속에서 쉽게 접하는 신문 광고, 멋지게 조각된 조각상, 그림, 홈페이지, 컴퓨터 게임, 영화나 뮤지컬 등 이 모든 것들을 시각문화라고 할 수 있다.

학교가 설립될 때 혹은 이후에라도 갖추게 되는 학교 구성의 한 형식인 교표에는 학교의 교육철학과 같은 추상적인 개념을 함축적으로 표현하고, 학교를 다른 학교와 구분시켜주며, 세부적으로는 그 학교에 다니는 학생의 소속감과 정체성을 부여하는 시각적 결과물이다. 교표는 학생 개개인에게 교칙이라는 이름으로 덧입혀져 위에서 제시하는 교육의 정신을 내면화하고 동시에 드러내는 '간판'으로서 기능하도록 한다.[7] 따라서 학교의 특징을 가장 잘 나타낼 수 있는 간결한 문자나 그림을 이용하여 만드는 것이 보통이며, 조선족학교의 경우 모두가 쉽게 볼 수 있도록 본관 건물에 교표를 설치하는 것이 일반적이다.

---

7 정선아, 「한국 교표 디자인의 역사와 문화적 변용 연구: 일제강점기 개교한 중등학교를 중심으로」, 서울대학교 대학원 디자인역사문화이론 전공, 석사학위논문, 2012년, 3쪽 참조.

북안소학교 본관

오상시조선족실험소학교 본관

조선족학교는 나름대로 민족의 특성과 학교의 특성을 담는 동시에 학교에서 추구하는 이념을 나타내는 교표를 만들어 사용하고 있다. 다만 아쉬운 점은 모든 중국 조선족학교가 자신들의 교표를 사용하고 있지 않다는 점이다.

한민족이 교표를 사용한 것은 오래된 일이다. 19세기 말 서구의 영향을 받으면서 문호개방과 함께 근대식 학교 제도가 유입되어 한국의 근대교육이 시작되었는데 이때부터 사용되었다. 구체적으로 말하면, 이 시기에 대한제국이 국가 상징물의 제정을 통해 생성된 시각적 상징형식이 교육현장에 유입된 것이라고 할 수 있다.[8] 1885년 배재학

8 한국 근대 이전에는 상징무늬가 그것이 역사적으로 가지고 있는 주술적인 의미를 가진 채 개인이 사용하는 공예품에 '장식'으로서 쓰였다면, 이후에는 대외적 차원에서 상품의 정체성에 대한 인식과 다른 상품과의 식별을 위해 쓰이기 시작했다는 것이다. 이렇게 근대로의 흐름 속에서 시대적인 필요성에 의해 대한제국은 국가 상징물을 제정하게 되었고 이는 장식을 위한 무늬가 아닌 대상의 정체성을 함축하고 시각적으로 쉽게 식별 가능한 단순화된 도상(모티브)

당과 경신학교가 설립된 이후 1905년을 기준으로 교모와 함께 교표가 채택되기 시작하였다.[9] 중국 조선족학교의 교표에 대한 기록은 남아 있지 않아 자세히는 모르지만 중국 조선족학교도 한반도의 영향을 받아 학교에서 교표를 사용했을 것으로 추측된다. 다만 현재 조선족학교가 사용하고 있는 대부분의 교표들은 중국의 개혁개방을 한 이후에 다시 만들어 사용한 것들이라는 사실이다. 처음에는 단지 학교의 이름을 사용하여 배지 등을 사용하였고 그 후 2000년대 전후로 많은 학교에서 교장들이 주도하여 만들어 사용하기 시작하였다.[10] 하지만 지금은 교표에 대한 관심이 거의 없는 게 현실이다.

1) 교표의 특징

중국 한민족 조선족은 해외에서 그들의 문화를 나름대로 잘 지키며 지금까지 살아온 민족이다. 민족의 문화를 잘 간직한 채 살 수 있었던 중요한 요소 중 한 가지는 바로 조선족이 사는 마을마다 조선족학교를 개교하여 민족교육을 시켰기 때문이다. 그만큼 중국의 조선족학교는 그동안 다양한 '학교문화'를 창조하였다고 할 수 있다. 교표는 그 한 가지인 것이다. 그럼, 조선족학교 '학교문화' 중 교표의 특징에 대

을 사용해 문장의 역할을 하게 한 것이다. 이 시기의 교표라는 형식은 근대로 이행하는 과도기 한반도 내의 시각문화적 변화의 흐름 속에서 자연스럽게 탄생하게 된 것이다. 정선아, 앞의 논문, 2012년, 29-30쪽 참조.

9 정선아, 「한국 근대기 교표디자인의 기원 및 기능」, 『한국근현대미술사학』 제28집, 한국근현대미술사학회, 2014년, 272쪽.

10 이것은 필자가 중국 동북3성 조선족학교를 방문하여 교표를 수집하는 과정에서 알게 된 것이다.

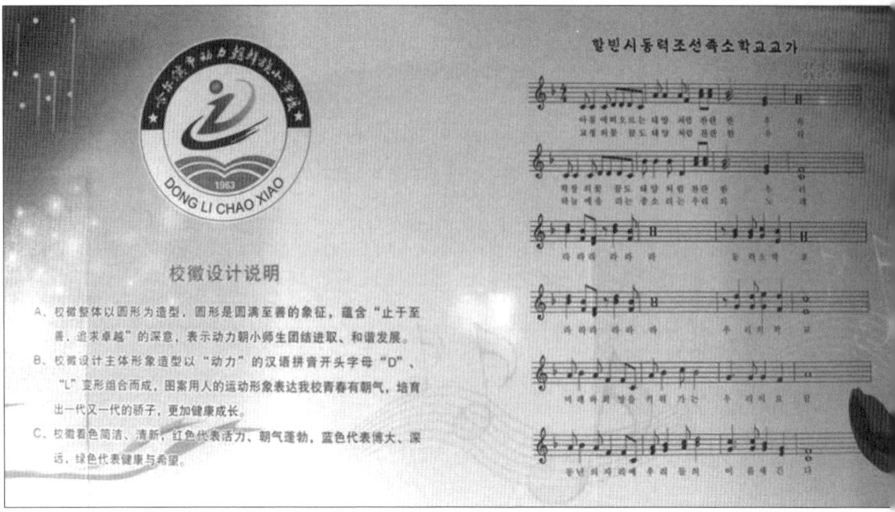

학교 소개 선전판에 교표를 설명한 경우

해 알아보자.

첫째, '학교문화' 교표에 대한 기록이 없다. 중국 조선족학교 기록관리는 교가 연구에서도 알 수 있었듯이 교육국에 보고하는 행정적 자료나 보고서 이외에는 거의 이루어지지 않고 있는 실정이다.[11] 교표에 대한 기록 역시 예외는 아니었다. 언제, 누가 만들었는지 분명하게 기록된 경우는 거의 없었다.[12] 심지어는 자신이 근무하는 학교에 교표

11 구태시 조선족학교 장정(九台市朝鲜族学校章程)에 학교의 설명이 있다. 이것은 교육국에 보고하기 위해 작성한 중국어판이 대부분이며 학교 당안관에 보관한다. 여기에서 제1장이 총칙(总则)으로, 학교의 명칭, 주소, 교훈, 종지(宗旨), 건학이념, 교표, 교가, 개교기념일 등의 내용이 있다. 교가는 악보는 없는 경우가 대부분이다. 이것도 내용이 서로 학교마다 상이하다. 제2장부터는 학교행정관리(学校行政管理) 규정 등이 시작된다.

12 학교의 교표 역시 교가와 마찬가지로 교장의 결단에 의해 만들어지고 있었다. 교장이 교표를 만들겠다고 결심하면 주로 미술선생님이 주도적으로 만들었다고 한다. 이러한 경향으로 교장이 시대적 흐름에 맞게 교표를 바꾸는 경우도 많아서 한 학교에 교표가 조금씩 다른 형태가 몇 개씩 존재하였다. 아쉬운 점은 교표의 창작자가 그 교표에 대한 자세한 설명을 남겨놓은 경우가 많지 않아 색깔 및 문자나 그림의 의미를 깊이 있게 알 수 없었다는 사실이다.

가 있는지 없는지도 모르는 경우도 있었고, 교표의 뜻을 아는 사람도 많지 않았다. 중국 동북3성 조선족학교를 방문하면서 교표에 대한 설명이 있는 경우는 학교 건물 벽에 걸린 학교 광고판이나 혹은 개교기념일 행사를 위해 만든 소책자에서 볼 수 있었다. 그 밖에는 볼 수 없었다.

둘째, '학교문화' 교표에 대한 다양한 사용방법이 강구되지 않고 점점 중시도가 사라져가고 있다. 이것은 많은 학교가 교표가 없다는 사실에서도 간접적으로 알 수 있다. 비록 학교 교표에 대한 필요성을 인식하고 만들었지만, 그 사용은 적극적으로 하지 않고 있는 실정이다. 일반적으로 배지와 명찰, 완장, 단추, 교기 등을 통해 학생 및 학교의 정보를 드러내는 교표의 활용은 매우 정상적인 것이다. 특히 배지라는 형식으로 사용되는 교표 도안은 소속과 지위를 밝히는 데 주된 역할을 하는 것으로 그 역사는 매우 오래되었다. 그러나 조선족학교에서 교표의 사용은 거의 제한적으로, 배지와 명찰, 완장, 단추, 교기 등에 사용되는 경우는 거의 없었다.[13] 다만, 교표가 있는 학교에서는 교표 도안을 여기저기에서 볼 수 있었다. 예를 들면, 학교 본관 건물 가운데에 걸려 있거나, 학교 현관 유리에 붙여놓은 경우도 있었고, 복도 보일러를 덮는 천에 교표가 찍혀 있기도 하였고, 학급 반을 안내하는 판에 있는 학교

체육복에 사용한 교표

13 필자가 현지 조선족학교를 방문하여 직접 확인한 체육복에의 교표 사용은 심양시조선족제1중이 유일하였다. 배지의 경우는 예전에는 사용하였지만 현재 사용하는 학교는 없었다. 명찰과 완장, 단추, 교기 등에 교표를 사용한 경우가 있었는지에 대해서도 현재 근무하는 교직원의 근무기간에는 없었다고 하였다.

보일러 덮개에
새겨진 교표

현관 유리에
붙은 교표

교실 안내판에
붙은 교표

도 있었고, 강단 정면에서 볼 수 있었던 학교도 있었다.

셋째, '학교문화' 교표 도안에는 도상(圖像)을 자주 사용하였다. 도상이란 그림으로 그린 사람이나 사물의 형상을 말한다. 교표에서 주로 사용한 도상은 새, 새싹, 은행나무 잎, 무궁화, 진달래 등의 식물과 태양, 별, 달 등의 태양계이다. 새는 학생들이 하늘을 날아가는 비상(飛上)이나 꿈을 향해 날갯짓하는 모습을 의미한다. 새싹은 소학교에서 많이 사용되는 것으로 학생들이 앞으로 무궁히 자라날 새싹 같은 존재임을

이통만주족자치현조선족학교 교표(진달래)　　심양시 심북신구조선족학교 교표(새)

의미하였다. 은행나무 잎은 오랜 생명력을 나타내며, 무궁화와 진달래는 민족의 꽃을 상징하는 것으로 조선족의 민족성을 상징하고 있다. 붉은 태양과 별은 뜨거운 열정과 기상을 나타내며, 동시에 승리와 승리에 따른 영광을 표현한 도상이다. 이러한 도상의 사용은 중국 조선족학교 교가의 일반적인 형식으로 정립되어 '학교문화' 중 시각문화를 구축하였다.

넷째, '학교문화' 교표 도안에는 학교 영문 이니셜을 이용한 상징체계로[14] 조선족학교의 정체성을 드러내고 있다. 서란시조선족실험소학교의 경우를 살펴보자. 학교명을 가리키는 영문 이니셜인 S와 L은 선

14 우리말 사전에 상징은 '어떤 사물(事物), 사상(思想), 정조(情調) 등을 이것과 같은 어떤 의미로 상통하는 다른 사물에 의하여 암시나 연상 따위로 표명(表明)하는 방법'이라고 정의하고 있다. 사실과 인간의 사고 전달 과정에서 상징의 해석과 평가를 하는 것이 그 원칙이다. 오번(W. M. Auburn)은 상징체계의 일반원칙을 세웠다. 첫째, 모든 상징은 무엇인가를 대변한다. 둘째, 모든 상징은 이중적 의미를 가진다. 셋째, 모든 상징은 진실과 허구를 포함한다. 넷째, 모든 상징은 이중적 적합성의 원칙이 있다는 것이다. 상징은 일단 성립되면 그 자체로 체계를 이루고 사람들에게 기능적으로 작용한다. 그것은 공동체를 결속시키며, 그 구성원들을 공동체의 내부로 끌어들인다. 송채원, 「상징적 기호로서 형태이미지 연구: 향수용기 형태이미지를 중심으로」, 『한국과학예술포럼』 제9권, 서울과학기술대학교 과학문화전시디자인연구소, 2011년, 4-5쪽 참조.

서란시조선족실험소학교 교표

을 위주로 단순화되어 '글자'가 아닌 교표를 구성하는 도상(圖像)이 되었다. 즉, 서란시조선족실험소학교의 영문 첫 자인 S(SHU,舒)와 L(LAN,蘭)을 이용하여 조선족 여인이 한복을 입고 춤을 추는 모습을 형상화한 것이다. 붉은색은 조선족의 열정과 기상을 나타낸다. 또한 머리 부분의 하얀색은 백의민족인 조선족을 나타내는 조(朝, CHAO)의 영문 이니셜 C로 구성하였다. 여기서 영문 이니셜은 문자라기보다는 교표에 완전히 도상으로 녹아 들어갔다는 점에서 문자의 그림화 성질이 강하다고 할 수 있다. [컬러 그림은 230쪽을 보라.]

이를 통해 문자의 상징성과 그림의 상징성을 모두 갖춰 집중도와 의미 전달의 문제를 극복하고자 한 의도를 읽을 수 있다. 비록 완전히 이미지화되어 교표의 조형요소인 S, L, C 등이 즉각적으로 한눈에 알아볼 수 없는 추상적인 구성과 과장된 상징도안이 되었지만, 영문 이니셜을 교표 안에 사용했다는 사실은 학교의 국제화와 학교의 개방적인 사상을 드러낸 학교의 취지와도 맞아떨어지는 것이었다. 그 결과 시각적으로 타 학교와 구별되고 교표를 중심으로 내부 학생들을 결속시키며 동시에 학교의 교육철학을 표현하는 시각상징물 디자인의 조건을 압축적인 이미지를 통해 나름대로 충족시켰다.

다섯째, '학교문화' 교표 도안에는 색깔마다 각각의 뜻을 가지고 있다. 따라서 학교를 나타내는 영문 이니셜마다 서로 다른 색깔을 사용하거나 교표에서 여러 가지 색깔을 사용하여 그 의미를 전달하려고

하였다. 조선족학교 교표에서 가장 많이 사용된 색깔은 붉은 색과 흰색이다.[15] 교표 안 붉은 색은 열정과 기상을 나타내며, 흰색은 백의민족인 한민족을 상징하지만 그렇지 않은 경우도 종종 있다. 예를 들어 류하현조선족중학교의 경우 붉은색은 일반적으로 열정, 기상을 나타내기도 하지만 이 학교 도표에서는 교사(教師)를 의미한다. 녹색은 새싹을 나타내는 것으로 학생을 의미한다. 흰색은 백의민족을 나타내며 황토색은 대지를 나타낸 것이고, 파란색은 하늘을 의미한다. 이렇게 각각의 색이 서로 다른 의미를 가지고 있어 이러한 색들의 조합이 하나의 뜻으로 모아져 교표의 의미를 대변하는 것이다. [컬러 그림은 232쪽을 보라.]

류하현조선족중학교 교표

이 외에도 개교 연도를 교표에 넣어 학교의 역사를 선전하려 하였고, 교표의 모형은 원형이 다수를 차지하였다. 이것은 원형을 원만한 화합과 단결을 나타내는 이미지로 생각하고 이렇게 되기를 희망하는 마음이 담겨 있다고 할 수 있다. 교표 도안에서는 소학교에서 가장 많이 사용된 그림은 책 모양이고 중학교에서 가장 많이 사용된 글자는 중학교를 나타내는 한자 '中'이 독보적이었다.

조선족학교가 교표를 만든 이유는 학교를 구성하는 것으로 꼭 있

15 한국은 중국, 일본과 함께 색채의 사용과 해석에 있어 음양오행사상(陰陽伍行思想)과 유교문화의 영향을 받아 관념적 색채의식을 형성하게 되었다. 빨강은 음양오행사상에 의거해 양(陽)을 상징하는 색으로 힘과 정열을 의미하였고 나아가 절대적인 권력과 풍요, 생명의 상징으로 여겨졌다. 권영걸 · 이지영, 「韓, 中, 日에서 적색(red)의 의미와 상징에 관한 연구: 한국 적색(Korea red)의 모색」, 『기초조형학연구』 제7권 4호, 한국기초조형학회, 2006년, 15쪽 참조.

어야 한다는 생각과 더불어 학교를 상징하는 마크의 필요성이 주된 요인이다.[16] 이는 본래 한반도에서 교표의 제정 배경과는 다르다. 한반도에서의 초기 교표는 학교설립의 증가와 교복의 제복화라는 시대적 배경이 존재한다. 이에 따라 학교 간의 식별과 통제가 요구되었던 것이다.[17] 하지만 중국 조선족학교 교표의 제정은 이와는 확연히 다른 배경을 가지고 있다. 조선족학교는 새로운 시대에 모두가 가지고 있는 혹은 한국의 영향으로 있어야겠다는 생각을 한 뒤 민족의 정체성 자각과 학생과 교사들의 결합을 이룰 수 있는 학교의 상징적인 시각형식을 제정한 것이다.

2) 교표의 내용

그럼, 조선족학교는 교표는 어떤 내용을 담고 있을까? 그것은 조선족학교가 중국에서 교육하는 교육이념과도 밀접한 관계가 있으며 자라나는 조선족 아이들에게 교육하고 싶어 하는 것이 무엇인지를 단적으로 보여주는 것이라고 말할 수 있다.

첫째, '학교문화' 교표에는 조선족의 민족의식을 표현하고 있다. 중국 조선족학교는 자신의 학교가 조선족 학생을 교육하는 장소라는 것을 알리고 민족정체성을 구현하기 위해서 교표 도안에서 상징성을 이

16 교표가 만들어지는 경우는 다음과 같다. 첫째, 학교 체제가 바뀌는 경우에 만들었다. 예를 들어, 합병하여 다시 새롭게 출발하는 시기에 만들었다. 둘째, 교명이 바뀌었을 경우 만들었다. 셋째, 교장이 바뀔 때 만들었다. 넷째, ＊＊주년 학교 행사를 앞두고 만들었다. 다섯째, 교육국에 보고할 때 만들었다. 이는 학교 자랑을 위한 것이다. 마지막으로 한국에 다녀와서 좋다고 느끼고 만들었다.

17 정선아, 앞의 논문, 2012년, 129쪽 참조.

안도현조선족학교 교표

장백현조선족실험소학교

용하여 민족 특색을 강조하였던 것이다. 여기서 주목해야 할 점은 민족의식을 표현하기 위한 방법이다. 즉 색깔의 이용, 영문 이니셜 C의 활용, 꽃의 사용, 장구나 춤추는 여인의 등장 등이다. 교표에 흰색을 사용하여 조선족이 백의민족임을 표현하였다.

예를 들어, 안도현조선족학교 교표에서 빨간색 A는 안도(安圖)의 발음인 An Tu의 영문 이니셜 A이다. 그 안에 흰 사람 모양이 있는데 백의민족을 상징한다. 많은 학교에서는 조선족의 첫 자 朝(Chao)의 영문 이니셜 C를 교표 도안에 사용하여 조선족학교임을 나타내었다. [컬러 그림은 239쪽을 보라.] 또한 민족의 꽃인 무궁화나 진달래꽃을 이용하기도 하였는데 장백현조선족실험소학교 교표가 대표적이다. 이 교표에는 소나무의 중심에 교화인 진달래꽃(가장 일찍 봄을 알리는 꽃)을 삽입하여 생기 있고, 약동하며, 정열적인 우리 민족의 넋을 표현하였다. 영문 이니셜을 이용해 전통춤을 추고 있는 한복 입은 조선족 여인을 형상화하기도 하였다. 이러한 흰색, 조선족을 의미하는 영문 이니셜 C, 무궁화와 진달래, 장구와 춤추는 여인 등 상징 양식의 적극적인 사용을 통해 한민족과 직접적으로 연결되는 상징을 조선족학교의 교표로 사용하여 민족의식을 고취시키는 교육과정과 연결시켰던 것이다.

이렇게 민족의 정체성 추구가 조선족사회에서 큰 가치로 존재하는 배경하에서 조선족학교 교표에 학교의 교육철학인 조선족 특유의 교육실현과 민족정체성을 대입하여 표현하고자 했던 것이라고 할 수 있다. 위와 같이 교표는 집약적으로 표현하는 기능을 가진 시각적 상징물로서 조선족이 생각한 교육의 역할, 즉 조선족 특유의 민족교육이 민족의 발전을 지속할 수 있는 중요한 수단으로 이해하고 있다는 점과 맞물려 민족정체성 회복이라는 목적으로 활용되고 있음을 알 수 있다.

둘째, '학교문화' 교표에는 교육적 · 지역적 특색을 담고 있다. 즉, 해당 조선족학교의 교육적 이념 및 명칭, 그 지역적 특색 등 다양한 모습을 드러내고 있다. 조선족학교의 교육적 이념 및 명칭으로는 교표를 통해 학교가 지향하는 '학생 · 학부모 · 교사가 혼연일체가 되어 학교를 발전시키자', '과학의 정신을 키우자', '많은 지식을 배우자' 등의 전반적인 학교의 교육적 이념을 말하였다. 이때 교표에 직접적으로 위의 문구를 넣지는 않고 교표 도안의 해석을 통해 표현하는 경우가 대부분이다. 하지만 상지시조선족학교의 경우처럼 교표에 정심박학(正心博學: 바른 마음을 가진 배움의 가르침)이라는 교훈을 직접 거론한 경우도 있다.

그 지역적 특색으로는 해당 지역에서 유명한 자연환경이라든가 지형적 특색을 교표에서 나타내어 그 독특함을 표현하였다. 교하시조선족실험소학교의 경우, 교하시를 상징하는 라법산과 폭포, 단풍잎을 표시하여 지역적 내용을 담아 지역 사랑을 표현하였다. 종합적으로 조선족학교 교표에는 민족적, 교육적, 지역적 특색을 모두 포함하고 있다는 사실이다. 이를 통해 학교가 학생들에게 민족에 대한 사랑, 학교에 대한 사랑, 지역에 대한 사랑을 가르쳤다고 할 수 있겠다.

상지시조선족중학교 교표

교하시조선족실험소학교 교표

셋째, 조선족학교 '학교문화' 교표에는 소수민족으로서의 삶의 태도를 보여주고 있는데, 즉 시련 극복의 메시지를 가지고 있다. 이에 많은 조선족학교 교표에서는 한편으로는 조선족의 포기하지 않는 진취적인 기상을 강조하기도 하면서 한편으로는 시련에 굴하지 않는 정신을 갖추어야 한다고 강조하였다. 이것은 교표를 통해 조선족 생존의 근본 문제를 표현한 것으로, 조선족이 타국에서 살아가면서 꼭 간직해야 하는 인생의 마음가짐을 교육한 것으로 판단할 수 있다. 교표를 통해 나타낸 '시련을 이기자' 등의 포기하지 않는 조선족의 진취적인 면을 강조한 것은 소수민족으로 살아가는 조선족이 타국에서 많은 어려움을 겪고 살아가고 있음을 보여주는 단면이라 할 수 있겠다.

여기서 주목할 만한 사실은 교표에서 이러한 민족 시련 극복에 대한 뜻은 표면적으로 잘 나타나지 않는다는 사실이다. 이것은 교표의 표면적 도안에는 이러한 시련 극복과는 직접적인 관계를 가진 것처럼 보이지 않기 때문이다. 즉 교표에 대한 해석을 통해서만 이러한 뜻

장춘시조선족중학교 교표

심양시조선족제6중학교

을 학생에게 교육한 것이다.[18] 장춘시조선족중학교 교표의 경우, 전체적인 원형은 교사와 학생이 한마음으로 아름다운 미래를 창조한다는 의미이지만 원 안의 그림은 사람이 돛을 잡고 파도 위를 헤쳐나가는 모습을 형상화한 것으로 모든 시련을 이겨 꿈을 이루어나가야 한다는 메시지를 담고 있다. 여기서 돛은 조선족을 나타내는 영문 첫 자모인 C(CHAO, 朝)이고, 사람 모양은 중학교를 나타내는 영문 첫 자모인 Z(ZHONG, 中)이다. 즉 조선족중학교라는 뜻이다. 심양시조선족제6중학교 교표 역시 시련 극복의 삶의 태도를 보여주고 있다. 붉은색 안 흰색은 영문자 CLZ(朝六中CHAOLIUZHONG)이다. C는 파도를 상징, L은 돛을 상징, Z는 배를 상징한다. 즉 파도가 높이 쳐서 힘들어도 돛단배는 앞으로 계속 전진하는 모습을 형상화하였다. [컬러 그림은 254쪽을 보라.]

18 필자는 조선족학교 교표에서 이렇게 두 가지 뜻을 가지고 있는 것을 많이 발견하였다. 이것을 여기서는 '이중성의 내포'라고 하겠다. 표면적으로는 단순한 일반적인 교표이지만 그것을 해석하자면 또 다른 뜻을 가지고 있는 것이다. 이러한 것은 교표에 민족적인 것 혹은 시련 극복 등을 나타낼 때 많이 사용되었다. 이는 내면적인 뜻과 표면적인 뜻을 함께 공존하게 하여 누구에게도 의심을 받지 않으려는, 다시 말해 민족적인 것과 아닌 것을 함께 설명할 수 있게 하여 혹시 발생할 문제의 소지를 없앴다고 할 수 있겠다.

3. 맺음말

본 연구에서는 중국 조선족학교의 상징체계로서 교표 도안과 그 특징 및 내용을 살펴보았다. 이를 위해 필자는 교표라는 근대적인 시각형식이 사용되고 있는 중국 조선족학교 교표 분석을 통해 교표가 담고 있는 교육적 · 민족적 의미를 해석하고자 하였다.

또한 본 연구는 조선족학교 폐교와 함께 사라져가는 '학교문화' 중 교표(校標)에 관한 연구가 전무한 상태에서 현재 급격하게 사라져가는 조선족학교가 그동안 창조한 '학교문화'의 소실을 극복하는 의미 있는 작업이며 민족문화 영역을 한반도 이외의 지역으로 확대하는 작업이다.

아울러 중국 조선족학교 교표의 특징과 내용에 대해 살펴보았다. 먼저, 조선족학교 '학교문화' 중 교표의 특징은 다음과 같다. 첫째, '학교문화' 교표에 대한 기록이 없다. 중국 조선족학교 기록 관리는 교가 연구에서도 알 수 있었듯이 교육국에 보고하는 행정적 자료나 보고서 이외에는 거의 이루어지지 않고 있는 실정이다. 둘째, '학교문화' 교표에 대한 다양한 사용방법이 강구되지 않고 점점 중시도가 사라져가고 있다. 셋째, '학교문화' 교표 도안에는 도상(圖像)을 자주 사용하였다. 넷째, '학교문화' 교표 도안에는 학교 영문 이니셜을 이용한 상징체계로 조선족학교의 정체성을 드러내고 있다. 다섯째, '학교문화' 교표 도안에는 색깔마다 각각의 뜻을 가지고 있다.

이 외에도 개교 연도를 교표에 넣어 학교의 역사를 선전하려 하였고, 교표의 모형은 원형이 다수를 차지하였다. 이것은 원형을 원만한 화합과 단결을 나타내는 이미지로 생각하고 이렇게 되기를 희망하는 마음이 담겨 있다고 할 수 있다. 교표 도안에서는 소학교에서 가장 많이 사용된 그림은 책모양이고 중학교에서 가장 많이 사용된 글자는 중학교를 나타내는 한자 中이 독보적이었다.

다음으로, 조선족학교는 교표는 어떤 내용을 담고 있는지 살펴보았다. 첫째, '학교문화' 교표에는 조선족학교의 민족의식을 강조하고 있으며, 이를 위해 다양한 방식으로 표현하고 있다. 둘째, '학교문화' 교표에는 교육적 · 지역적 특색을 모두 담고 있다. 즉, 해당 조선족학교의 교육적 이념 및 명칭, 그 지역적 특색 등 다양한 모습을 드러내고 있다. 셋째, 조선족학교 '학교문화' 교표에는 시련 극복의 메시지를 많이 가지는 특징이 있다. 이에 많은 조선족학교 교표에서는 한편으로는 조선족의 포기하지 않는 진취적인 기상을 강조하기도 하면서 한편으로는 시련에 굴하지 않는 정신을 갖추어야 한다고 강조하였다.

중국 조선족학교가 그동안 창조한 '학교문화' 중 교표는 학교의 상징체계를 한눈에 보여주는 역할을 충실히 하였다. 그러나 현재 그에 대한 관심은 급속도로 감소하고 있다. 심지어는 학교의 폐교와 더불어 사라져가고 있다. 이에 필자는 조선족학교 교표의 중국 내 인지도 상승과 조선족학교 간의 유대 강화를 위해 영국 연방과 같이 조선족학교가 모두 함께 사용할 수 있는 교표 도안을 제의한다. 현재 조선족학교를 상징할 만한 교표를 가지고 있지 못하다. 누가 보아도 이것은 조선족학교만의 교표, 즉 조선족학교의 상징체계로 여길 만한 전국적인 통일성을 가진 교표의 상징적인 도안을 만드는 작업도 생각해보아야 한다고 생각한다. 이를 위해 우선 조선족을 대표하는 도안을 만들어

확정하고 모든 조선족학교가 그것을 바탕으로 각 학교마다 그 지역과 학교의 현실에 맞게 교표를 만드는 것이다.

중국에서 한민족인 조선족이 그동안 창조한 다양한 '학교문화' 가 조선족학교의 폐교와 함께 사라지는 것을 막고 보존되기를 바라며, 이 분야의 연구가 앞으로 활발하게 진행되기를 바란다.

V

흑룡강성
조선족학교 교가

하얼빈시도리구조선족중심소학교 교가(현)

자랑차게

작사 김선녀 작곡 김은결

자료: 2011년 8월 학교 1층 현관 게시판 촬영.

하얼빈시도리구조선족중심소학교 교가(구)

작사·작곡 미상

자료: 『중국조선족교육』, 1999년 3월.

하얼빈시동력구조선족소학교 교가

작사 김춘산 작곡 김용수

자료: 2011년 8월 학교 현관 1층 게시판 촬영.

상지진조선족소학교 교가

작사 강효삼 작곡 심상문

자료: 2011년 8월 학교 1층 현관 촬영.

오상현민락완전소학교 교가

작사·작곡 백호연

자료: 2011년 8월 하얼빈시 조선족노인협회 고문인 김종운 선생님 제공.

오상현산하진숭의소학교 교가

천천히 감정 있게

작사 김처중 작곡 서광

자료: 2011년 8월 하얼빈시 조선족노인협회 고문인 김종운 선생님 제공.

오상시산하진홍덕조선족소학교 교가

정겹고 기백있게

작사·작곡 곽자평

자료: 『중국조선족교육』, 1995년 6월.

오상시조선족실험소학교 교가

♩= 126

작사·작곡 백운옥

자료: 2012년 2월 학교 선생님 제공.

아성소학교 교가

작사 · 작곡 미상

우리 학교는 옛날의 금성(金城) 북방에
자리 잡고 있나니
중동철로 연선의 대도회도다
아스하 거침없이 흐르듯
우리들도 목적을 이루고야 말리라
맹호같이 용감하게 자라자
전 세계의 앞자리를 차지하자

자료: 최범수 외 편, 앞의 책, 1993년.

아성시조선족중학교 교가

작사 조기만 작곡 리웅규

자료: 2015년 1월 학교 방문 수집.

하얼빈시조선족제1중학교 교가

작사 조선어조　작곡 김태웅

자료: 2011년 8월 학교 1층 현관 게시판 촬영.

1.2.
3.
영 원히 길 이 보 전 하 세
길 이 보 전 하
세

하얼빈시조선족제2중학교 교가

- 청사에 빛내가자 -

빠르지 않게

작사 리승권 작곡 백설봉

자료: 2012년 8월 작곡가 백설봉 제공.

하얼빈시만방조선족중학교 교가

작사 최현 작곡 고은숙

자료: 2012년 8월 학교 선생님 제공.

오상시조선족중학교 교가

- 배움의 꿈나무 -

작사 효문 작곡 전야

자료: 2012년 2월 학교 선생님 제공.

상지시조선족중학교 교가

- 배움의 무궁화 -

작사 강효삼 작곡 심상문

자료: 개교 60주년 기념책자(2007).

송강성제1조선족중학교 교가

작사·작곡 백호연

자료: 상지시조선족중학교 개교 60주년 기념 책자(2007).

오상시조선족사범학교 교가

작사 · 작곡 이운학

은혜로운 해빛 아래 민족의 희망 싣고
룡강의 대지우에 뿌리 박았네
아~ 자랑찬 배움터
원예사의 요람이
현대화 한길에서
현대화 한길에서
용맹을 떨치자

자료: 라북현조선족학교 조선어문 김혜영 선생님 대학노트. 원래 2절까지 있었다고 하지만 기억하는 사람이 없다.

연수현조선족중학교 교가

-배움의 요람-

작사 최인범 작곡 리운학

자료: 연수현조선족중학교 50주년 책자(2008).

목단강시조선족소학교 교가

행진속도로, 명랑하게 | 작사 한상국 작곡 정학선

자료: 학교 홈페이지(검색일: 2011년 8월). 2012년 1월 31일 학교 선생님에게 받은 교가는 조금 달랐다. 1절: 아~ 우리 함께 배우리라 착실한 지식, 2절: 아~ 우리 함께 키우리라 사랑의 마음, 아~ 우리 함께 빛내가자 길이 빛내가자.

녕안시조선족소학교 교가

행진조로 작사 김동진 작곡 리정일·장성만

자료: 『중국조선족교육』, 1997년 12월.

녕안시발해진조선족소학교 교가

-빛나라 발해조선족소학교-

작사·작곡 전해자, 문경택

자료: 2016년 1월 20일 학교 방문 현관 촬영.

목릉시공화조선족소학교 교가

행진속도로 힘차게

작사·작곡 리광무

자료: 라북현조선족학교 선생님 제공.

목릉현향양툰원동(远东)소학교 교가

– 독립군의 노래 –

작사 · 작곡 미상

이내몸이 두만강을 건넌 날일세
년년이 이날은 닥쳐오리니
내 목적을 달하기전에는 못잊으니라
하늘은 미워한다 배달족에
자유를 억탈하는 왜적들을
3천리 강산에 열혈이 흘러
부연해 일어나는 이내 독립군
백두에 찬바람은 불어 거칠고
압록강 빙상에 열혈이 흘러
고국에서 전해오는
피비린 냄새
아깝고 절통하다 우리 동족들
물어보자 내 죄뿐인가 네 죄도 있으려니
같이 나가자 정의에 창검을 들고
동족을 구하려면 목숨을 바쳐라.

자료: 『목릉조선민족교육사』, 흑룡강조선민족출판사, 2004년.

목릉현향양툰원동(远东)소학교 교가(판본2)

작사·작곡 미상

자료: 라북현조선족학교 선생님 제공.

동녕현삼차구중심소학교 교가

힘 있고 씩씩하게

작사 마송학 작곡 김 철

자료: 2012년 2월 학교 선생님 제공.

해림시해남향산하조선족소학교 교가

작사·작곡 미상

자료: 2008년 1월 폐교된 학교 정문 옆 게시판 촬영.

해림시신안진조선족소학교 교가

작사 박상빈 작곡 김종화

자료: 2012년 2월 학교 건물 1층 게시판 촬영.

목단강시조선족중학교 교가

- 빛나라 목조중 -

격정적으로 박력 있게

작사 김기련 작곡 김인준

자료: 2012년 2월 학교 선생님 제공.

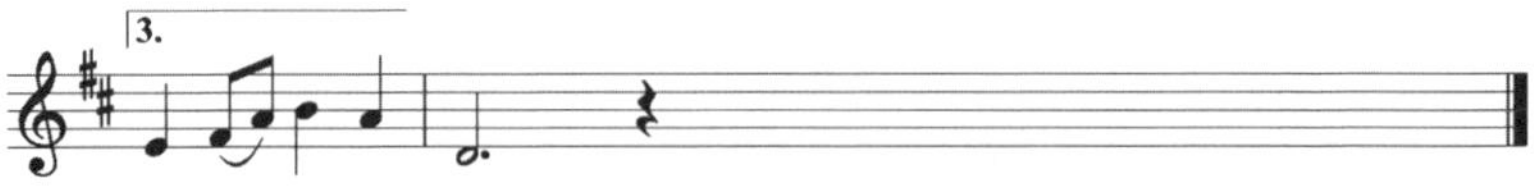
3.
길 이 빛 나 라

녕안시조선족중학교 교가

작사 류덕림 작곡 배석복

자료: 학교 1층 현관 게시판 촬영.

해림시조선족중학교 교가

- 빛나라 해림조중이여 -

자랑차고 씩씩하게

작사 김봉선 작곡 김종률

자료: 개교 60주년 기념책자(2008).

동녕현조선족중학교 교가

- 우리 학교 -

자랑차게

작사 리종수　작곡 심상문

자료: 2012년 2월 학교 선생님 제공.

목릉시조선족학교 교가

장엄하게

작사 박철준 작곡 황장현

자료: 학교 소개 책자.

밀산시조선족소학교 교가

- 행복의 요람 -

자료: 2012년 2월 학교 1층 현관 게시판 촬영.

계동현조선족중학교 교가

작사 정주성 작곡 김기봉

자료: 2012년 2월 학교 1층 현관 게시판 촬영.

계동현계림조선족향조선족중학교 교가

- 빛나라 계림중학 -

작사 리성화　작곡 김춘일

자료: 2012년 2월 작곡가 김춘일 선생님 제공.

계서시조선족중학교 교가

- 빛나라 계조중 -

자랑찬 기분으로 1=F(G)

작사 전복만 작곡 리명재

자료: 2012년 2월 학교 선생님 제공.

밀산시조선족중학교 교가

- 길이 빛나라 밀산조선중학이여 -

작사 집 체 작곡 리정수

자료: 2012년 2월 학교 1층 현관 게시판 촬영.

밀산시초급중학교 교가

- 길이길이 빛나라 밀산조선중학교 -

작사 리상각 작곡 안국민

자료: 2012년 2월 학교 선생님 제공.

대종학원(大倧學院) 교가

작사 · 작곡 윤단암

등 뒤에는 400장이나 되는 봉밀산
앞에는 두리가 800리인 홍개호
이 마당에서
뛰노는 배달소년들!
억천만년 무궁하리… 우리…

자료: 최범수 외 편, 앞의 책, 1993년.

벌리현조선족중학교 교가

작사 김은철 작곡 조영춘·림만호

자료: 『중국조선족교육』, 1990년 12월.

가목사시조선족중학교교가

자랑차게

작사 박 일·리동선 작곡 리성길·김동명

자료: 2012년 2월 학교 선생님 제공.

탕원현조선족중학교 교가

작사·작곡 강진수

자료: 2012년 2월 학교 선생님 제공.

라북현조선족중학교 교가

- 용맹을 떨치자 -

작사 김혜영 작곡 리천금·리선화

자료: 2012년 2월 학교 선생님 제공.

철력시조선족소학교 교가

- 우리 학교 -

1=110

작사·작곡 장희봉

자료: 2012년 2월 학교 장희봉 선생님 제공. 이 교가는 완성한 후에 사용하지는 않았다고 장희봉 선생님이 알려주었다.

철력시조선족중학교 교가

- 지식의 고봉에로 나래쳐 오르자 -

작사 리범란 작곡 장희봉

자료: 2012년 2월 작곡가 장희봉 제공.

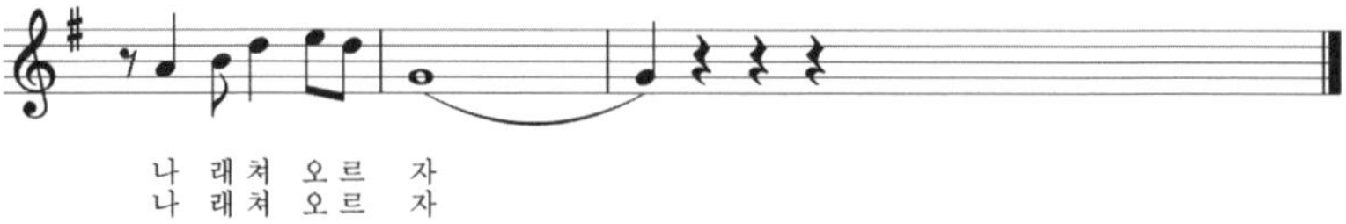
나 래쳐 오르 자
나 래쳐 오르 자

수화시흥화조선족향소학교 교가

보통 속도로 아름답게　　　　작사 김봉운· 도성복　작곡 한민수

자료: 2012년 2월 학교 2층 회의실 게시판 촬영.

수화시경안현평안진민족소학교 교가

자랑차게

작사 리주범 작곡 한동광

자료: 2012년 2월 학교 선생님 제공.

수화시경안현조선족중학교 교가

작사 서상렬　작곡 김종목

자료: 2012년 2월 창고에 보관하던 옛 게시판에 붙은 것을 촬영.

치치하얼시 명성소학교 교가

작사 장덕준 작곡 김홍일

자료: 2016년 1월 30일 학교 방문 수집.

치치하얼시조선족소학교 교가

작사 서석순　작곡 심옥향 · 리금화

자료: 2012년 2월 학교 선생님 제공.

치치하얼시조선족중학교 교가

씩씩하게

작사 김용식 작곡 김명수

자료: 2012년 2월 학교 선생님 제공.

Ⅵ

중국 동북3성 조선족학교 교표(校標)

1. 길림성 조선족학교 교표

① 장춘시관성구조선족소학교(현재 교표)

이 교표는 영문 K, C, X의 조합으로 이루어졌다. 중간의 녹색 영문 K는 관성구(寬城區)의 寬(KUAN)의 한어병음 첫 자모이며 부드럽고 매끄러운 새싹을 나타내면서 조국의 미래를 상징한다. 위를 덮고 있는 반원형의 영문 C는 원활함과 안정성을 의미하면서 조선족을 의미하는 朝(CHAO)의 한어병음 첫 자모이다. 아래 파란색 영문 X는 별 모양을 하고 있는데 중국어 小學(XIAOXUE)의 한어병음 첫 자모이다. 미래의 민족 스타가 될 빛을 발하는 조선족 초등학생을 상징한다. K와 X 옆의 6개 별은 학생들이 한마음으로 단결하는 것을 상징하며, 분발하여 더 나은 방향으로 발전하려는 학습 열정을 나타낸다.

② 장춘시관성구조선족소학교(과거 교표)

장춘시관성구조선족소학교의 과거 교표이다.

③ 장춘시록원구조선족소학교

교표에는 稼圓朝小(LVYUANCHAOXIAO)의 한어병음 첫 자모인 LYCX로 구성되어 있다. 이 영문들을 하나하나 상징하는 것으로 형상화시켰는데, L은 책, Y는 탑, C는 붉은 스카프(중국 소학교 학생 선봉대들이 목에 매는 붉은 천), X는 별 등을 형상화하였다. 전체적으로는 행복과 사랑이 넘쳐나는 배움의 요람인 이곳에서 아이들이 꿈과 민족의 얼을 지켜가자는 장춘시록원구조선족소학교의 이념을 담고 있다.

④ 장춘시조선족중학교

전체적인 원형은 교사와 학생이 한마음으로 아름다운 미래를 창조한다는 의미이다. 원 안의 그림은 사람이 돛을 잡고 파도 위를 헤쳐나가는 모습이다. 여기서 돛은 조선족(CHAOXAIANZU)을 나타내는 한어병음 첫 자모인 C(CHAO, 朝)이고, 사람 모양은 중학교(ZHONGXUE)를 나타내는 한어병음 첫 자모인 Z(ZHONG, 中)이다. 즉 조선족중학교라는 뜻이다. 사람 모양이 흰색인 것은 우리 민족인 백의민족을 상징하는 것이다. 바깥 녹색은 장춘의 푸른 도시 이미지를 상징화한 것이다.

⑤ 길림시조선족실험소학교

굳은 땅을 뚫고 나오는 어린 새싹들이 아침 햇살의 상서로운 빛을 받으며 아름다운 꽃송이로 예쁘게 피어오르는 어린이들의 꿈과 슬기를 상징하였다. 1932년은 개교 연도이다.

⑥ 길림시용담구강밀봉진학교

길림시용담구강밀봉진조선족중심소학교 복도에서 촬영한 것이다. 하지만 교장선생님은 폐교된 학교(길림시용담구강밀봉진조선족실험소학교)에서 가져온 용품이라고 한다. 본교는 교표가 없다고 한다. 이에 대해서는 설명을 들을 수 없었다. 1916년은 개교 연도이다.

⑦ 길림시조선족중학교

빨간색과 파란색 문형은 길림시조선족중학교(吉林朝中)란 한어병음의 첫 자모(JLCZ: JINLINCHAOZHONG)이다. 바깥색인 하늘색은 하늘을 의미한다. 빨간색 JL은 대붕(하루에 구만리를 날아간다는 상상의 새)이 두 날개를 활짝 펴고 곧장 하늘 높이 날아오르는 모습이다. 파란색 CZ은 흰 구름을 나타내는 동시에 학교 운동장을 상징한다. 전체적인 의미는 학생들이 길림시조선족중학교에서 대성하여 새처럼 전 세계 사방팔방으로 날아가서 조국의 동량이 된다는 의미이다.

⑧ 영길현조선족실험소학교

빨간색은 열정과 즐거움을 의미하고, 황색은 기러기가 날갯짓하는 모양으로 永吉(YONGJI)의 한어병음 첫 자모인 YJ이다. 이 기러기를 감싸고 있는 파란색 영문 CH는 조선족을 뜻하는 朝(CHAO)의 한어병음의 줄임말로, 조선족의 전통문화를 계승하는 학교라는 의미이다. 1933년은 개교 연도이다.

⑨ 영길현조선족1중학교

YJCYZ는 학교 이름인 永吉朝一中(YONGJICHAOYI ZHONG)의 한어병음 첫 자모를 의미한다. 위의 붉은 색은 열정을 의미한다. 밑의 흰색은 책을 나타낸다.

⑩ 교하시조선족실험소학교

교표 안의 그림은 교하시(蛟河市)를 상징하는 라법산과 폭포, 단풍잎을 표시하였다. 파란색으로 쓰여진 '교하' 글자 사이의 금색 그림은 상모와 장구인데, 조선족 전통문화를 계승하자는 뜻을 지니고 있다. 영문 JHSCSY는 교하시조선족실험소학교(JIAOHESHICHAOXIANZUSHIYANXIAOXUE)의 한어병음 첫 자모이다. 1940년은 개교 연도이다.

⑪ 구태시조선족학교

큰 원형은 화합을 나타내며 바깥 녹색은 조선족학교의 활력, 흰색은 백의민족인 조선족을 말하여 조선족학교를 가리킨다. 안의 녹색은 따뜻한 손을 지닌 선생님을 의미하고, 주황색 구슬 5개와 빨간색 구슬 1개는 2003년 6개 학교가 합병하여 하나의 학교로 된 것을 상징한다. 또한 이것은 서로 다른 민족의 선생님, 학생, 학부모들의 마음이 연결된 것을 의미하며, 꼭대기의 빨간색은 6개가 하나로 된다는 것을 의미하는 동시에 우리의 학생을 말한다. 전체적인 뜻은 사회, 학교, 가정의 관심하에 아이들이 씩씩하게 자라난다는 뜻이다. 2003년은 개교 연도이다.

⑫ 매하구시조선족실험소학교

짙은 푸른색은 매하구시조선족실험소학교가 푸른 창공에 울려 퍼짐을 의미하고, 흰 선의 모양은 백두산을 형상화한 것으로, 동시에 영문 M으로 매하구시(MEIHEKOU)조선족실험소학교의 한어병음 첫 자모이다. 그 뜻은 백두산의 정기를 이어받은 매하구시조선족실험소학교가 거연히 일어서는 것을 상징한다. 아래 吉林梅河口(길림 매하구)는 학교가 있는 위치를 말하며, 녹색은 오염 없는 아름다운 환경을 가진 매하구라는 의미이다. 원 안 위쪽의 영문은 조선족실험소학의 한어병음이다. 1934년은 개교 연도이다. 노란색으로 쓴 것은 앞으로의 시간도 황금처럼 귀하다는 의미이다.

⑬ 반석시조선족실험소학교(현재 교표)

2개의 C 모양의 선은 조선족소학교(朝小, CHAOXIAO)의 한어병음 첫 자모인 C이다. 푸른색의 바깥 선은 푸른 하늘을 표시하며, 녹색의 안쪽 선은 녹음의 숲을 말한다. 바로 옆의 붉은 글자는 전체적으로 책을 나타내는 '書' 자이지만 이것은 영문 P자와 S자를 합해놓은 것이다. 이것은 반석시(PANSHI)의 영문 P자와 S자이다.

⑭ 반석시조선족실험소학교(과거 교표)

2개의 C 모양의 선은 조선족소학교(朝小, CHAOXIAO)의 한어병음 첫 자모인 C이다. 푸른색의 바깥 선은 푸른 하늘을 표시하며, 녹색의 안쪽 선은 녹음의 숲을 말한다. 바로 옆의 붉은 글자는 실험소학교의 實驗(SHIYAN)을 적은 것이다.

⑮ 반석시홍광중학교

리홍광 장군의 정신을 이어받아 현재 조선족교육을 하고 있는 홍광중학교의 교표는 붉은색 글자로 혁명을 나타낸다. 가장 큰 원에는 학교명을 썼고, 중간 원에는 교풍을 적었다. 가장 작은 원에는 혁명(홍광정신)을 상징하는 별을 넣었다. 작은 원의 혁명정신과 교풍이 세상으로 밝게 비춰나간다는 의미로 파란색의 점선을 점점 길게 사용하였다. 1948년은 개교 연도이다.

⑯ 서란시조선족실험소학교

빨간색은 전체적으로는 조선족 여인이 한복을 입고 춤을 추는 모습을 형상화한 것이다. 이것은 또한 서란시조선족실험소학교의 한어병음 첫 자모인 S(SHU)와 L(LAN)이다. 머리 부분의 하얀색은 백의민족인 조선족을 나타내는 조(朝, CHAO)의 한어병음 첫 자모인 C이다. 1936년은 개교 연도이다.

⑰ 서란시조선족제1중학교

⑱ 이통만주족자치현조선족학교

조선족을 상징하는 진달래를 상징화하였다.

---

⑲ 공주령시조선족유치원

---

⑳ 공주령시조선족중학교

C는 조선족(CHAOXIANZU)에서 朝의 한어병음 첫 자모이고, X는 조선족에서 鮮의 한어병음 첫 자모이다. Z는 중학교(中學, ZHONGXUE)의 한어병음 첫 자모이다. 중간의 사람 모습은 머리는 태양이고, 두 팔 모양은 새싹을 나타낸다. 또한 이 사람 형상을 교육이라고 하여 J와 Y로(JIAOYU) 해석하며, 조선족 교육이라는 의미이다. 즉 조선족 교육(CHAOXIANZUJIAOYU)을 나타낸 것이다. 종합적으로, 꿈(태양)을 향해 나래친다는 뜻이다. 교문에 걸려 있는 것이라 구체적인 색깔 조합은 아는 이가 없었다.

㉑ 류하현조선족중심소학교

양쪽 가에 있는 녹색의 잎은 오곡을 나타내고 밑의 흰색은 책을 나타낸다. 가운데 빨간색은 양 손을 나타내는 것으로 바른 마음을 말하며, 가운데 은색은 태양을 가리킨다. 이 태양은 미래의 어린이를 표현한 것이다. 종합하면, 바른 마음으로 태양을 받들어 미래의 태양인 어린이를 잘 교육한다는 뜻이다. 2004년에 제작되었다.

㉒ 류하현조선족완전중학교

붉은색은 교사(敎師)를 의미한다. 녹색은 새싹을 나타내는 것으로 학생을 의미한다. 즉 선생님들이 학생들을 품고 있는 모습이다. 흰색은 백의민족을 나타내며 황토색은 대지를 나타낸 것이고, 파란색은 하늘을 의미한다. 1912년는 개교 연도이다.

㉓ 휘남현조선족학교

전체적인 그림은 조선족 여인이 춤을 추고 있는 형상이다. 이 형상은 영문자 C와 Z의 합성이다. 조선족 여인의 팔은 C이다. 이것은 조선족(CHAOXIANZU)의 한어병음 첫 자모이며, 조선족 여인의 전체 형상은 Z이다. 이것은 중학교(中學, ZHONGXUE)의 한어병음 첫 자모이다. 소학교와 중학교가 합병한 뒤 제작되었다.

㉔ 장백현조선족실험소학교

학교 이름이 뚜렷하듯이 소나무 잎이 무성한 배움터에서 깨끗한 모습으로 부지런히 배우고 무럭무럭 자라며, 온 세상을 밝히는 별이 되는 훌륭한 사람이 되자라는 의미이다. 나무 중심에 있는 것은 교화인 진달래이며, 이 꽃은 봄을 가장 일찍 알리는 꽃이다. 이 꽃의 생기와 활발한 약동과 정열은 우리 민족의 넋을 상징한다.

㉕ 연길시공원소학교

㉖ 연길시연남소학교

㉗ 연길시조양소학교

전체적인 그림은 햇살 아래 새싹이 자라고 있는 모습을 형상화한 것이다. 이 뜻은 꿈과 끼가 자라는 배움터라는 뜻이다. 1928은 개교 연도를 뜻한다.

㉘ 연길시중앙소학교

㉙ 연길시흥안소학교

붉은 띠 2개로 사랑을 뜻하는 우정 모양을 만들었다. 이 붉은색 하트 모양은 사랑, 소망, 믿음을 뜻하며, 교사들이 열정을 가지고 학생들을 감싸면서 교육한다는 의미이다.

㉚ 연길시건공소학교

㉛ 연길시신흥소학교

교표에는 한글, 영어, 한자가 모두 들어가 있다. 가운데 흰 색 그림은 백두산 천지이다. 밑의 성실과 명랑은 교훈이다. 전체적인 의미는 겨레의 넋을 이어받아 성실하고 명랑한 어린이로 나날이 향상하는 신흥어린이를 표현하였다. 1957은 학교 개교 연도이다.

㉜ 연길시실험중학교

교표에 나타난 색깔의 의미는 다음과 같다. 붉은색은 끓어 넘치는 열정을 상징한다. 녹색은 성장을, 노란색은 고상함을 상징한다. 붉은색에 노란색으로 실험중학교라고 한글을 사용한 점이 특이하다.

㉝ 연변대학교

흰색 원형의 붉은색 원은 태양을 상징한다. 푸른색은 날아오르는 거대한 용을 상징한다. 즉, 이 모양은 태양을 향해 날아오르는 거대한 용을 상징하는 것으로 끊임없이 높은 곳을 향해 전진하는 투쟁정신을 의미한다. 푸른색 모양은 연변대학의 조선어 문자 '연대'가 된다. 위의 한자로 쓴 延邊大學은 주덕(朱德) 위원장이 적접 쓴 글씨이다. 1949년은 개교 연도이다.

㉞ 용정실험소학교

바깥 원은 학생들이 한마음으로 단합함을 나타낸다. 원 중앙에 있는 녹색의 새싹은 푸른 꿈을 지니고 씩씩하게 자라고 있는 어린이들을 뜻한다. 밑에 있는 나뭇가지는 즐겁고 생동감 넘치는 학교생활을 의미한다. 위에는 학교 이름인 용정실험소학(龍井實驗小學)을 한어병음으로 적어놓은 것이다.

㉟ 용정시북안소학교

큰 A자는 상아탑을 말하며 B와 A를 합하여 만든 것이다. 이것은 북안(BEIAN)의 한어병음의 첫 자모를 가리킨다. 빨강 원은 단결과 단합을 말한다. 밑의 흰 모양은 비둘기를 형상화한 것으로 평화를 나타낸다. 빨간 원형 안의 흰색은 백의민족을 나타낸다.

㊱ 룡정중학교(현재 교표)

용정1중의 1을 상징화하였고, 아래 별 6개는 1946년 6개 학교가 하나로 합병했다는 것을 상징한다. 푸른색은 찬란함을 의미한다.

㊲ 룡정중학교(과거 교표)

원형 5개와 새싹 모양 1개는 6개 학교가 하나로 연합하여 우수한 정령의 학교가 되었다는 것을 말한다. 새싹 위의 원자력 에너지를 상징하는 그림은 학교가 과학 문화의 전당이 되고자 하는 희망을 표현하였다. 전체적으로는 학교의 학생들이 모두 인재로 자라기를 바라는 희망을 뜻한다.

㊳ 화룡시제3중학교(현재 교표)

원형 안의 붉은색 띠는 아라비아 숫자 3을 나타내는 것으로 화룡시 3중을 의미한다. 붉은색은 교사의 가르침의 열정과 학생들의 배움의 열정을 뜻한다. 1965년 8월은 개교 연도를 뜻한다.

㊴ 화룡시제3중학교(과거 교표)

녹색, 붉은색, 남색은 영문자 H를 형상화한 것으로 화룡을 뜻하는 중국어 和龍(HELONG)의 한어병음 첫 자모이다. 영문자 H의 밑에는 백두산 천지 사진이 있다.

㊵ 화룡시광흥중학교

㊶ 도문시조선족실험소학교

위 노란색은 꽃술을 나타내는 것으로, 도문의 꽃을 상징한다. 파란 물결은 푸른 두만강 옆에서 자라나는 푸른 녹색 교정을 상징한다. 4개 줄은 학교, 교원, 학생, 학부모들의 단결을 상징한다. 아해 일곱 가지 색깔은 '순결한 마음에 일곱 가지 꿈을 키워가자'는 도문시조선족실험소학교 교훈을 의미한다.

㊷ 훈춘시제5중학교

위 네모는 다이아몬드 형상을 하고 있으며, 또한 이것은 막 나온 꽃망울 모양이다. 노란색은 행복, 즐거움, 햇살을 가리키며, 녹색은 생명, 활력, 희망을 의미한다. 밑의 그림은 펼쳐진 책 모양이다. 이것은 희망을 감싼 두 손의 모습이기도 하다. 동시에 날개를 펼치고 날아오르려는 힘차고 용맹한 매의 모습을 나타내기도 한다. 흰색은 강직함, 정의, 순결을 의미한다. W는 5(WU)의 한어병음 첫 자모로 의미하는 것은 제5중이다. H는 훈춘시를 말한다. 즉 훈춘시제5중이라는 것을 의미한다.

㊸ 훈춘시제6중학교

원 안의 파란색은 각각 홍기하, 두만강, 동해를 의미하며, 노란색 삼각형은 중국, 러시아, 북한을 말한다. 이 세 국가를 경계로 하는 훈춘에 자리 잡은 훈춘6중은 빨간색 영문 L로 표시하였다. 이것은 6(LIU)의 한어병음 첫 자모이다. 빨간색 영문 L의 뜻은 세 국가의 경계에서 우수한 인재를 양성하는 훈춘6중을 말하는 동시에 합격을 의미하는 '∨' 마크의 뜻도 내포하고 있다.

㊹ 안도현조선족학교

빨간색 A는 安圖(ANTU)의 한어병음 첫 자모이다. 그 안에 백의민족을 상징하는 사람 형상이 있다. A 옆에 있는 X모양은 C와 X를 합한 모양이다. 즉 C는 조선족(CHAOXIANZU)에서 朝의 한어병음 첫 자모이다. X는 조선족에서 鮮의 한어병음 첫 자모이다. 아래 노랑, 빨강, 파랑은 책의 모양을 나타낸 것이다. 녹색은 어린 새싹의 꿈을 나타낸다.

㊺ 왕청현제2실험소학교

희망, 생기, 창조를 나타낸다.

2. 흑룡강성 조선족학교 교표

① 하얼빈시동력조선족소학교

원형의 교표는 학교의 선생님과 학생들이 서로 단결하고 진취적이며 화합하여 발전을 이루는 것을 나타낸다. 빨간색은 D이고 파란색은 L이다. 이것은 동력(DONGLI)의 한어병음 첫 자모이다. 사람이 운동하는 것을 형상화하여 학교가 젊고 패기가 있음을 나타냈으며 우수한 인재를 배양한다는 뜻이다. 빨간색은 활력 혹은 기세등등함을 나타낸다. 파란색은 깊고 넓음을 나타내고, 녹색은 건강과 희망을 나타낸다. 1963년은 개교 연도이다.

---

② 하얼빈시도리조선족중심소학교(현재 교표)

전체적인 모양은 전통악기인 장구를 두드리는 모양을 형상화하여 학교의 민족교육 특색을 표현하고자 하였다. 금색의 여문 이삭은 갖은 고생 속에서 굳건하게 걸어오면서 나라를 위하여 수많은 인재를 배양하여 풍요로운 결실을 얻었다는 것을 의미한다. 1909년은 개교 연도이다.

③ 하얼빈시도리조선족중심소학교(과거 교표)

정성으로 가르치고 사랑으로 가꾸는 교육의 이미지를 나타내고 있다. 구체적으로 보면, 예술의 마당에서 민족 자랑을 키워가는 도리구 어린이를 두 손으로 받치고 사랑으로 키운다는 것을 나타내고 있다.

④ 하얼빈시조선족제1중학교

파란색의 C는 조선족을 뜻하는 朝(CHAO)의 한어병음 첫 자모이고, 선진적인 학교 운영이념과 학문이 넓은 선생님이 있고 현대지식으로 21세기 새로운 인재를 육성함을 상징한다. 빨간색 아라비아 숫자 1은 연필 모양으로 제1중학교라는 것을 의미한다. 나날이 발전하고 활발히 운영하고 지식학술을 대표하며 학생들이 안정되고 따뜻한 교육환경에서 부지런한 정신과 노력을 기울여 강한 의지와 정렬, 진취적 정신을 추구함을 상징한다. C와 1을 합쳐 중학교를 나타내는 中을 만들었다. 전체적으로는 흰색, 파란색, 빨간색을 조화롭게 하여 만들었다. 흰색은 교육의 평등과 교학에는 사사로움이 없음을 나타낸다. 동시에 백의민족이 지속적으로 우수한 전통을 계승하고 균형 잡힌 실용인재를 배양한다는 뜻이다. 테두리 금색은 휘황찬란한 역사를 가진 민족 특색이 있는 현대화 중학교를 건설함을 상징한다.

⑤ 하얼빈시조선족제2중학교

빨간색은 태양, 밑의 녹색은 책을 형상화한 것이다. 연두색 2개는 이중(二中)을 의미한다. 빨간색은 조선족을 뜻하는 朝(CHAO)의 한어병음 첫 자모이다. 흰색 잎은 백의민족을 의미한다. 1962년은 개교 연도이다. 2012년 50주년 행사를 앞두고 2011년에 제작되었다.

⑥ 하얼빈시만방학교

세계 속에 만방이 있다는 것으로, W는 萬邦(WANBANG)의 한어병음 첫 자모이다. 전체적인 뜻은 세계에서 모이고, 세계로 나아가자는 것이다. 2005년에 제작되었다.

⑦ 하얼빈시아성구조선족중학교(현재 교표)

교표는 영문자 C와 Z로 구성되어 있다. C는 조선족을 뜻하는 朝(CHAO)의 한어병음 첫 자모이다. Z는 중학교의 中(ZHONG) 한어병음 첫 자모이다. 1958년은 개교 연도이다.

⑧ 하얼빈시아성구조선족중학교(과거 교표)

녹색 A의 전체적인 모습은 상아탑을 나타낸다. 녹색은 학생의 꿈을 나타내며, A는 阿城(ACHENG)에서 阿(A)의 한어병음 첫 자모이다. C는 조선족을 뜻하는 朝(CHAO)의 한어병음 첫 자모이다. 빨간색 깃발 모양의 Z는 청춘의 활력을 의미하는 것으로, 중학교의 中(ZHONG) 한어병음 첫 자모이다. 2001년에 제작하였다.

⑨ 목단강조선족소학교

한글로 조소(朝小, 조선족소학교)라고 쓴 것이다. 전체적인 형상은 선생님이 아이들과 함께 걸어가는 모습이다. 2000년 미술선생님이 제작하였다.

⑩ 목단강시조선족중학교

푸른색의 영문 C, Z, M으로 구성되어 있다. C는 조선족을 뜻하는 朝(CHAO)의 한어병음 첫 자모이며, Z는 중학교의 中(ZHONG) 한어병음 첫 자모이다. 밑의 M은 목단강(MUDANJIANG)에서 木(MU) 한어병음 첫 자모이다.

교휘는 아니지만 학교 현관에는 아래 그림이 붙어 있었다.

⑪ 상지시조선족소학교

빨간 원형은 태양을 상징하고, 녹색은 푸른 새싹을 나타낸다. 새싹 위 하얀 것은 이슬이다. 종합적으로 따사로운 햇살 아래 쑥쑥 자라는 새싹을 의미한다. 동시에 건강하게 자라는 어린이를 나타낸다.

⑫ 상지시조선족중학교

빨간색 그림은 무궁화를 형상화한 것으로, 위는 C, 왼쪽은 S, 오른쪽은 Z의 영문자 조합으로 모양을 만든 것이다. C는 조선족을 뜻하는 朝(CHAO)의 한어병음 첫 자모이고 S는 尙志(SHANGZHI)에서 尙(SHANG)의 한어병음 첫 자모이다. Z는 중학교(ZHONGXUE)를 나타내는 한어병음 첫 자모이다. 무궁화를 감싼 색은 흰색으로 백의민족을 나타낸다. 바깥 원형의 녹색은 생명과 희망을 나타낸다. 정심박학(正心博學: 바른 마음을 가진 배움의 가르침)은 새로 정한 교훈이다. 1947년은 개교 연도이다.

⑬ 오상시조선족실험소학교

전체적인 원형은 오상시조선족소학교 어린이의 단결, 행복, 건강하게 자라는 것을 형상화한 것이다. 황색의 달은 꿈과 희망을 나타내고, 아래 녹색의 새싹은 희망과 생기 넘치는 어린이들을 의미한다. S는 지식과 지혜를 나타낸다. 흰 비둘기는 오상시조선족소학교의 평화를 사랑하는 마음을 나타낸다.

⑭ 오상시조선족중학교

영문 C는 五常(WUCHANG)에서 常(CHANG) 한어병음 첫 자모인 동시에 조선족을 뜻하는 朝(CHAO)의 한어병음 첫 자모이다. Z는 중학교의 中(ZHONG) 한어병음 첫 자모이다. 책모양의 W는 五常(WUCHANG)에서 五(WU)의 한어병음 첫 자모이다. 이 영문이 모두 흰색인 것은 백의민족을 나타낸 것이다. 전체적인 의미는 푸른 창공의 학생들이 넓은 세상으로 날아가 재능을 맘껏 발휘한다는 것이다. 1948년은 개교 연도이다.

⑮ 연수현조선족중학교

왼쪽의 * 모양은 해를 나타내고 오른쪽의 S자 모양의 긴 타원은 달을 나타낸다. 해와 달이 서로 맞물려 있는 모양을 만들어 서로의 화합(정부와 지역사회의 화합)을 상징한다. 흰색은 백의민족을 나타낸 것이다.

⑯ 녕안시조선족소학교

윗부분은 붉은색의 영문 CNX로 구성되어 있는데, C는 조선족을 뜻하는 朝(CHAO)의 한어병음 첫 자모이다. N은 녕안(NING AN)의 한어병음 첫 자모이다. X는 소학교의 小(XIAO) 한어병음 첫 자모이다. 아래는 초록색으로 새싹을 의미하는데, 희망으로 넘치는 어린이들을 상징한다. 전체적인 뜻은 꿈을 키우는 학교를 말한다. 빨강은 정열, 녹색은 희망을 나타낸다.

⑰ 녕안시조선족중학교

푸른 2개의 선은 영문 N이다. 녕안(NING AN)의 한어병음 첫 자모이다. 동시에 모습은 경박호의 폭포를 나타낸다. 빨간색 C와 Z는 조선족을 뜻하는 朝(CHAO)의 한어병음 첫 자모와 중학교의 中(ZHONG) 한어병음 첫 자모이다. 바깥 테두리의 녹색은 학생의 순수한 마음을 나타낸 것이다. 1995년 미술선생님이 제작하였다.

⑱ 벌리현조선족소학교

⑲ 벌리현조선족중학교

빨간색은 태양이자 학생을 의미한다. 세로의 2개 선은 사람의 손을 나타낸다. 태양과 함께하는 사람 모양을 하고 있고, 미래의 태양(학생)을 받쳐주는 모습이다. 이를 관통하는 원형은 학생 성공을 위해 교원들이 무대를 만들어준다는 의미이다. 1947년은 개교 연도이다.

⑳ 가목사시조선족중학교

색동옷은 한복저고리이고 C를 나타낸다. 이것은 조선족을 뜻하는 朝(CHAO)의 한어병음 첫 자모이다. 푸른색 Z는 송화강을 의미하는 동시에 중학교의 中(ZHONG) 한어병음 첫 자모이다. 2013년에 학교에서는 선생님을 대상으로 교휘를 공모하여 이것저것 사용하였다.

㉑ 가목사시조선족중학교

빨간색은 애심(愛心)의 하트모양이다. J는 佳木斯市(JIAMUSI)의 佳(JIA) 한어병음 첫 자모이고, 옆의 M은 佳木斯市(JIAMUSI)의 木(MU) 한어병음 첫 자모이다. 푸른 색 세 줄기는 영문자 C이고 동시에 삼강평원을 나타낸다. C는 조선족을 뜻하는 朝(CHAO)의 한어병음 첫 자모이다. 삼강이란 송화강, 우수리강, 흑룡강이며, 이 세 강이 만든 평원을 삼강평원이라고 한다.

㉒ 동녕현조선족소학교

조선족 여인이 춤을 추고 있는 모습을 형상화한 것이다. 이 그림은 동시에 영문자 C와 X의 혼합이다. C는 조선족을 뜻하는 朝(CHAO)의 한어병음 첫 자모이다. X는 소학교의 小(XIAO)의 한어병음 첫 자모이다. 밑에 있는 녹색은 공간이 비어 있어 허전해서 채우려고 한 것이다. 2015년에 제작하였다.

㉓ 동녕현삼차구조선족중심소학교

영문 SCK의 조합이다. 이것은 三岔口(SANCHAKOU)의 한어병음 첫 자모를 나타낸 것이다. 색깔에는 의미를 부여하지 않았다.

㉔ 동녕현조선족중학교

전체 그림은 영문 C와 D이다. C는 조선족을 뜻하는 朝(CHAO)의 한어병음 첫 자모이고, D는 東寧(DONGNING)의 한어병음 첫 자모이다. 이 C와 D를 합친 것에 가운데에 1을 넣어 中자를 만들었다. 2009년에 선생님과 아이들이 함께 만들었다. 교표 그림을 찾지 못해 그렸다.

㉕ 계동현조선족중학교

붉은색 원형은 태양을 상징한다. 전체적인 모습은 영문 J와 C의 조합이다. J는 鷄東(JIDONG)의 한어병음 첫 자모이고, C는 조선족을 뜻하는 朝(CHAO)의 한어병음 첫 자모이다.

㉖ 계림현계림조선족중학교

붉은색의 영문 JLCZ로 구성되어 있다. J는 鷄林(JILIN)에서 鷄(JI)의 한어병음 첫 자모이다. L은 鷄林(JILIN)에서 林(LIN)의 한어병음 첫 자모이다. C는 조선족을 뜻하는 朝(CHAO)의 한어병음 첫 자모이다. Z는 중학교의 中(ZHONG) 한어병음 첫 자모이다.

㉗ 치치하얼조선족중학교

교표의 전체적인 형상은 치치하얼(齊齊哈爾)시의 상징인 학이 날아오르는 모습을 하고 있다. 이 학의 모습은 영문 QQHCZ의 조합으로 이루어져 있다. QQ는 치치하얼(齊齊哈爾)의 齊齊(QIQI) 한어병음 첫 자모이고, H는 평행선 모습을 하고 있는데 치치하얼의 哈(HE) 한어병음 첫 자모이다. C는 조선족을 뜻하는 朝(CHAO)의 한어병음 첫 자모이고, Z는 중학교의 中(ZHONG) 한어병음 첫 자모이다.

3. 요녕성 조선족학교 교표

① 심양시서탑조선족소학교(현재 교표)

가장 바깥은 서탑조선족소학교를 의미하는 영문자로 원형을 만들었다. 안쪽은 '화평'이라는 한글로 원형을 만들었고, 그 안에 한글로 '서탑'이라고 써서 학교 이름을 알리고 있다. 또한 새싹 모양의 그림을 넣었는데 학생을 의미한다. 안쪽 원형 밑에는 서탑조선족소학교를 의미하는 중국어로 西塔朝小라고 썼다. 이를 통해 알 수 있는 것은 교표에 한글은 물론 중국어와 영어 등 세 국가의 언어를 활용하였다는 사실이다.

---

② 심양시서탑조선족소학교(과거 교표)

바깥 원에는 '화평'이라는 글자를 한글의 자음과 모음으로 나누어 배치하였다. 이것은 학교가 위치한 화평구를 의미한다. 원의 중심에는 한글로 '서탑'이라고 써서 학교 이름을 알리고 있다. '서탑' 글자 밑에는 두 손으로 받치고 있는 듯한 모습의 새싹이 그려져 있다. 순수한 한글로만 교표를 작성하였다는 특징을 가지고 있다.

③ 심양시오가황조선족중심소학교(현재 교표)

5개의 붉은 별은 중화인민공화국 국기를 의미하고, 가운데 푸른 나무는 학생을 의미한다. 나무 밑 빨간색으로 그려진 것은 책으로, 학생들이 열심히 공부하는 것을 나타낸다. 나무 중앙에 있는 위성궤도는 과학기술과 푸른 하늘을 의미하고, 가장 위쪽의 은행나무는 교목(校木: 학교의 나무 – 생명력이 길다)이다. 이 모든 것은 아이들이 푸른 나무와 같이 조국의 품속에서 즐겁게 공부하고 과학을 연구하고 건강하게 자라고 세계로 뻗어나가고 우주를 여행한다는 의미이다. 1918년은 개교 연도이다.

④ 심양시오가황조선족중심소학교(과거 교표)

심양시오가황조선족중심소학교의 과거 교표이다. 현재 교표와 비슷하여 추측은 가능하지만 구체적인 설명을 들을 수 없었다.

⑤ 심양시화신소학교

이 교표는 무궁화를 단순화시켜 만든 것이다. 즉, 무궁화 모양을 형상화한 것으로 빨간색은 성실, 노란색은 즐거움, 파란색은 사랑하는 마음을 의미한다.

⑥ 심양시조선족제2중학교

교표 중심에는 책이라는 지식의 바다에서 한복을 입은 조선족 소녀가 힘 있게 춤추고 있다. 이 모양은 영문 C이다. C는 조선족을 뜻하는 朝(CHAO)의 한어병음 첫 자모이다. 원형 주변에는 중국어[서예가 이중원(李仲元)이 쓴 글씨)]와 한글로 학교 이름을 적었다. 학생들이 조선족제2중학교라는 지식의 전당에서 많은 지식을 배우고 배워 민족교육이 발전하고 앞으로 나아간다는 뜻이다. 소해(蘇海) 선생님이 제작하였다. 1955년은 개교 연도이다.

---

⑦ 심양시조선족제3중학교(현재 교표)

전체적인 형상은 사람이 펄쩍 뛰어오르는 모습으로 흰색은 백의민족을 상징한다.

---

⑧ 심양시조선족제3중학교(과거 교표)

⑨ 심양시심북신구조선족학교
(옛 심양시조선족제5중)

朝鮮族(CHAOXIANZU)의 영문자 C와 X를 이용하여 날개를 펴고 날아오르는 새의 모습을 형상화하였다. 즉 조선족중학교의 특색을 표현하고, 조선족학교가 전진하며 날아오른다는 뜻이다. 전체적으로 사용한 하늘색은 넓고 심오한 뜻을 지닌 색깔인 동시에 냉정함, 총명함, 관용을 상징한다. 또한 조선족의 민족정신(흰색: 백의민족, 평화)과 분발향상을 나타낸다.

---

⑩ 심양시조선족제6중학교

붉은색 안에는 흰색으로 영문 CLZ로 구성되어 있는데, 이것은 조선족제6중학교(朝六中, CHAOLIUZHONG)라는 의미이다. 동시에 C는 파도를 상징하고, L은 돛을 상징하고, Z는 배를 상징한다. 즉 파도가 높이 쳐서 힘들어도 돛단배는 앞으로 계속 전진함에 빗대어 조선족의 모습을 형상화하였다.

---

⑪ 심양시혼남신구조선족학교

붉은색, 노란색, 파란색은 조선족의 기본 색깔이다. 붉은색은 열정, 정열, 진취성을 나타내는 일종의 힘을 상징한다. 노란색은 온화함, 광명, 즐거움을 나타내며 새로운 사물이나 발전된 상황을 말하는 미래지향적인 것을 상징한다. 파란색은 자유, 신선함, 평온함, 우아함 등을 상징한다. 붉은색, 노란색, 파란색으로 이루어진 사람 모습은 서로 손을 잡고 돌고 있는 아이들을 나타낸 것으로, 그 중심에 녹색 배경의 朝자를 결합하였다. 여기서 녹색은 희망, 건강, 생기를 상징한다. 종합적으로 이 교표는 초등학교, 중학교, 고등학교가 삼위일체가 되어 단결하고, 건강하게 앞으로 향하는 조선족학교를 상징한다고 할 수 있다.

⑫ 요녕성조선족사범학교

원형 안의 붉은색은 영문 C, S의 조합으로 이루어졌다. 영문 C, S는 조선족사범학교를 뜻하는 중국어 朝师(CHAOSHI)의 한어병음 첫 자모이다. 전체적인 모습은 횃불 모양을 하고 있으며, 광명, 단결, 계몽 등의 뜻을 상징하는 동시에 교육자로서의 자신을 불태우고 남(학생)을 밝혀준다는 뜻이다. 횃불 아래는 책을 펼친 모양으로 열심히 학습한다는 뜻이다. 횃불을 감싸고 있는 색깔은 흰색과 남색이다. 흰색은 백의민족인 우리 민족을 상징하고, 남색은 밝은 미래를 뜻한다. 1952년은 개교 연도를 뜻한다.

⑬ 무순시신화조선족소학교

꽃봉오리 안의 영문자 XH는 新华(XINHUA)소학교의 한어병음 첫 자모이다. 녹색은 새싹으로 나라의 기둥감인 새싹 같은 학생들을 육성하는 학교라는 의미를 갖고 있다. 1921년은 개교 연도이다.

⑭ 청원만족자치현조선족학교(현재 교표)

교표의 전체적인 모양은 영문 Q와 Y를 이용하여 태양, 책, 새를 상징화한 것이다. Q는 태양과 책으로 만들었고, Y는 새로 형상화하였다. Q와 Y는 清原(QINGYUAN)의 한어병음 첫 자모이다. 여기서 다시 주황색의 태양과 붉은색의 책 모형은 C와 X이다. 이것은 朝鲜族(CHAOXIANZU)의 한어병음 첫 자모를 나타내고 있다. 전체적으로 교표의 색깔은 서로 층차가 선명하고 주황색, 녹색, 붉은색이 잘 어울리고, 안과 밖이 서로 상통하면서 혼연일체를 이루고 있다. 이러한 조화를 통하여 학교의 잠재된 능력과 식견을 집약하였으며, 분발하여 노력하고 조화롭게 발전하는 총체적인 형상을 보여주고 있다.

⑮ 청원만족자치현조선족학교(과거 교표)

초승달 모양의 파란색은 지식의 바다이며, 바다를 항해하는 돛을 상징한다. 별 모양의 붉은색은 생기발랄한 학생을 말하며, 이 학생이 반짝반짝 빛나는 새로운 인물(新星)이 된다는 것을 의미한다. 펼쳐진 책 모양의 녹색은 희망, 선생님을 의미하며, 사람의 두 손을 상징한다. 파란색의 초승달, 붉은색의 별, 녹색의 펼쳐진 책은 영문 QYCX(清原: QINGYUAN, 朝鮮族:CHAOXIANZU)를 이용하여 형상화한 것이다. 이 모양은 서로 유기적으로 결합되어 교사가 학생을 배양하는 것을 상징한다. 학교의 교사와 학생들이 한마음 한뜻으로 찬란한 미래를 창조하기 위해 노력하는 모습을 담고 있다.

---

⑯ 본계시조선족중학교

교표는 흰색, 붉은색, 푸른색으로 구성되었다. 흰색은 백의민족인 조선족을 상징하고, 붉은색은 학교정신과 문화를 나타낸다. 푸른색은 민족의 단결을 의미한다. 중앙의 붉은색 안에는 흰색으로 만든 횃불 모양이 있다. 이것은 백의민족인 조선족이 자신의 문화와 정신을 계승하자는 의미이다. 이 횃불은 영문 C와 Z로 구성된 것으로, 朝中(조선족중학교, CHAOXIANZUZHONGXUE)의 한어병음 첫 자모를 의미한다.

참고문헌

1. 단행본

권태환 편저, 『중국 조선족사회의 변화: 1990년 이후를 중심으로』, 서울대학교 출판부, 2005.

金炳鎬, 『中國朝鮮族人口問題研究』, 民族出版社, 2007.

吉林省教育年鑒 編纂委員會, 『吉林省教育年鑒』(1949-1985), 吉林教育出版社, 1990.

吉林省地方誌編纂委員會, 『吉林省誌 · 教育誌』(卷37), 吉林人民出版社, 1992.

吉林市民族事務委員會, 『吉林市朝鮮族誌』(1907-1988), 內部資料, 1999.

김남호, 『중국조선족 전통음악 대중음악론』, 민속원, 2010.

김익기 외, 『중국의 한민족청소년 현황 및 생활실태 연구』, 한국청소년정책연구원, 2007.

김향 작곡집 『선생님 눈동자』, 연변인민출판사, 2006.

丹東市民族宗教事務委員會民族志編纂委員會 编, 『丹東朝鮮族志』, 辽宁民族出版社, 2000.

東北朝鮮民族教育科學研究所 編, 『中國朝鮮族學校誌』, 東北朝鮮民族教育出版社, 1998.

동북조선민족교육과학연구소 편, 『중국 조선족학교 현황지』, 연변교육출판사, 2005.

레이초우, 『디아스포라의 지식인』, 이산, 2005.

遼寧教育學院民族教育研究部 編, 『迈向21世紀的中國遼寧省朝鮮民族學校一覽』, 遼寧民族出版社, 1997.

리윤선 주필, 『무순 대도조선족100년 개관』, 민족출판사, 2012.

李鍾太 等 主編, 『沈陽市民族教育百年史』, 遼寧民族出版社, 2012.

리채렬 작곡집 『고향의 봄노래』, 내부자료, 1993.

목릉조선민족교육사편찬위원회, 『목릉조선민족교육사』, 흑룡강조선민족출판사, 2004.

박금해, 『중국조선족 교육의 역사와 현실』, 경인문화사, 2012.
박병순 주필, 『장백조선족 발전사』, 연변인민출판사, 2008.
박창욱 주필, 『개척』(중국조선민족발자취총서 1), 민족출판사, 1999.
박창일 주필, 『불씨』(중국조선민족발자취총서 2), 민족출판사, 1999.
서명훈, 『할빈시조선민족백년사화』, 민족출판사, 2007.
延吉市教育誌編纂委員會, 『延吉教育誌』(1901-1988), 內部發行, 1990.
연변대학교육학심리학교연실 외, 『연변조선족교육사』, 연변인민출판사, 1987.
연변대학조선문학연구소 편, 『20세기 중국조선족문학사료전집』 제3집 항일가요, 연변인민출판사, 2009.
연변정협문사자료위원회, 『연변문사자료』 제5집, 내부발행, 1988.
______, 『연변문사자료』 제6집, 내부발행, 1988.
延邊朝鮮族自治州教育局, 『延邊朝鮮族自治州教育誌』(1989-2006), 內部資料, 2008.
延邊朝鮮族自治州教育誌 編纂委員會, 『延邊朝鮮族自治州教育誌』(1715-1988), 東北朝鮮民族教育出版社, 1992.
延邊朝鮮族自治州檔案館 編, 『中共延邊地委延邊專署重要文件滙編』 第2集, 內部文件, 1986.
연수현민족종교사무국 외, 『연수현조선족100년사』(1903-2003), 민족출판사, 2005.
王秉禎 · 董玉琦 主編, 『長春市教育誌』, 吉林人民出版社, 1995.
汪淸縣教育誌編纂委員會, 『汪淸縣教育誌』(1909-1985), 內部發行, 1989.
辽宁省教育志編纂委員會 主编, 『辽宁省普通教育年鑑』, 辽宁大学出版社, 1989.
임채완 · 전형권, 『재외한인과 글로벌 네트워크』, 도서출판 한울, 2006.
장익선, 『연변민요의 음악적 특성과 전승양상에 대한 연구』, 민속원, 2010.
朱成華 編著, 『中國朝鮮族移民史』, 民族出版社, 2009.
中國朝鮮民族教育史料集 編纂委員會, 『中國朝鮮民族教育史料集』 第1卷, 延邊教育出版社, 2000.
차철구 외, 『중국조선족혁명투쟁사』, 연변인민출판사, 2009.
최범수 외 편, 『흑룡강성조선족교육사』, 동북조선민족교육출판사, 1993.
최상록 외 편, 『중국 조선족교육의 현황과 전망』, 연변대학출판사, 1995.
沈阳市民委民族志編纂办公室 编, 『沈阳朝鲜族志』, 辽宁民族出版社, 1989.
한국예술종합학교 한국예술연구소, 『한국작곡가사전』, 시공사, 1999.

한득수 주필, 『상지시조선민족사』, 민족출판사, 2009.
허청선 외, 『중국조선민족교육사료집 4』(하). 연변교육출판사, 2004.
허청선 외 주편, 『중국조선민족교육사료집 1』, 연변교육출판사, 2000.
許靑善 · 姜永德 主編, 『中國朝鮮族敎育史』, 延邊敎育出版社, 2009.
황룡국 주필, 『봉화』(중국조선민족발자취총서 3), 민족출판사, 1989.
辽宁省地方誌編纂委員會办公室, 『辽宁省誌 · 敎育誌』, 辽宁大学出版社, 2001.
『김득만 동요 200곡집』, 동북조선민족교육출판사, 1996.
『룡정문사자료』 제1집, 내부자료, 1986.
『류영섭 작곡집』, 동북조선민족교육출판사, 1992.
『류하조선족학교 백년의 발자취』, 교육과학출판사, 2012.
『밀산조선족백년사』 편찬위원회, 『밀산조선족백년사』, 흑룡강조선민족출판사, 2007.
『사진으로 보는 동북군정대학 길림분교』, 연변인민출판사, 2008.
『연길백년교육』(1901-2001), 내부발행, 2001.
『연길백년교육』, 길림성 내부자료, 2001.
『우리동창들』, 연변인민출판사, 1990.
『정근포 작곡집』, 동북조선민족교육출판사, 1999.
『중국조선족민간음악집』, 연변인민출판사, 2008.
『최삼명 작곡집』 제1집 리상각 시편, 연변인민출판사, 2008.
『학생가요곡집』, 동북조선민족교육출판사, 1992.
『학생노래집』 1, 연변대학출판사, 1988.

2. 논문

구자억, 「개혁개방 이후 중국의 사회주의 교육관 고찰」, 『한국교육』 제24집, 1997.
길태숙, 「재만조선인 항일투쟁노래의 과거와 현재적 의미: 신흥무관학교 교가를 중심으로」, 『동방학지』 제144호, 연세대학교 국학연구원, 2008.
김보희, 「북만주지역의 독립운동가요」, 『한국음악연구』 제43집, 한국국악학회, 2008.
김정호, 「중국의 소수민족교육과 다문화교육」, 『사회과 교육』 제47권 1호, 2008.

리상우, 「개혁기 중국조선족사회의 정체성에 대한 고찰: 구심력과 원심력을 중심으로」, 『동아연구』 제53집, 2007.

문정매, 「중국 조선족학교 통 · 폐합의 원인분석: 흑룡강성 조선족학교를 중심으로」, 서울대학교 석사학위논문, 2007.

민경찬, 「서양음악의 수용과 음악교육」, 『음악학』 제9권, 한국음악학학회, 2002.

______, 「중국 조선족의 항일군가와 일본의 노래」, 『한국음악사학보』 제25권, 한국음악사학회, 2000.

박금해, 「滿洲事變以前 北間島民族教育에 關한 一研究」, 『인문과학연구논총』 제18집, 명지대 인문과학연구소, 1998.

변계원, 「한국음악에서 작곡에 대한 개념적 고찰」, 『음악학』 제14권, 한국음악학학회, 2007.

송채원, 「상징적 기호로서 형태이미지 연구: 향수용기 형태이미지를 중심으로」, 『한국과학예술포럼』 제9권, 서울과학기술대학교 과학문화전시디자인연구소, 2011.

신대철, 「한국 · 중국 · 일본의 서양음악 수용」, 『한국음악연구』 제38권, 한국국악학회, 2005.

안병삼, 「中國 朝鮮族學校 校歌 分析」, 『인문연구』 제62호, 영남대학교 인문과학연구소, 2011a.

______, 「중국 조선족학교 교가의 가사 연구」, 『한국학연구』 제39집, 고려대학교 한국학연구소, 2011b.

______, 「中國 朝鮮族學校 校歌의 亡失과 그 特徵」, 『한국민족문화』 제39집, 한국민족문화학회, 2011c.

______, 「중국 흑룡강성 조선족학교 교가 연구」, 『인문과학연구』 제35집, 강원대학교 인문과학연구소, 2012.

______, 「중국 요녕성 조선족학교 교가 연구」, 『한민족문화연구』 제43집, 한민족문화학회, 2013a.

______, 「중국 조선족학교의 교가교육에 관한 고찰」, 『한국동북아논총』 제18집 1호, 한국동북아학회, 2013b.

______, 「중국 조선족학교 교가에 대한 학생들의 의식 고찰」, 『디아스포라연구』 제7권 2호, 세계한상문화연구단, 2013c.

______, 「중국 흑룡강성 조선족학교 교가 가사 연구」, 『인문연구』 제69호, 영남대학교 인문과학연구소, 2013d.

______, 「중국 조선족학교 교가에 나타난 한민족 공동체의식」, 『민족문화논총』 제57집, 영남대학교 민족문화연구소, 2014.

양춘식, 「西間島 獨立運動과 新興武官學校」, 연세대학교 교육대학원 석사학위논문, 2006.

이종철, 「중국과 중남미의 한인사회: 민족문화영역(民族文化領域)의 관점에서 본 재중동포 정책(在中同胞政策) 방향(方向)」, 『국제지역연구』 제4권 2호, 한국외국어대학교 국제지역연구센터, 2000.

이현정, 「조선족의 종족정체성 형성 과정에 관한 연구」, 『비교문화연구』 제7집 2호, 서울대학교 비교문화연구소, 2001.

정선아, 「한국 교표 디자인의 역사와 문화적 변용 연구: 일제강점기 개교한 중등학교를 중심으로」, 서울대학교 대학원 디자인역사문화이론 전공, 석사학위논문, 2012.

______, 「한국 근대기 교표디자인의 기원 및 기능」, 『한국근현대미술사학』 제28집, 한국근현대미술사학회, 2014.

정영홍, 「중국의 사회주의 현대화와 조선족교육의 미래」, 『교육철학』 제15권, 1997.

정영훈, 「민족정체성, 그리고 한민족의 민족정체성」, 『민족학연구』 제9호, 한국민족학회, 2010.

정인갑, 「한민족공동체와 재중동포의 현황과 전망」, 『21세기 한민족공동체형성과 과제』, 해외한민족연구소 주최 국제학술회 발표논문집, 1998. 11. 25.

조경란, 「현대 중국의 소수민족에 대한 국민화 이데올로기」, 『시대와 철학』 제17권 3호, 2006.

채휘군, 「조선족 교육의 형성과정과 현안문제 고찰」, 『교육철학』 제29집, 2006.

최우길, 「중국조선족교육의 현황과 과제」, 『디아스포라연구』 제6권 1호, 2012.

한흥화, 「『바람꽃』을 통해 본 조선족 정체성의 변이양상: 주인공 의식의 변화과정을 중심으로」, 『한국민족문화』 제38집, 2010.

3. 잡지 및 소책자

『중국조선족교육』, 1989년 9월.

『중국조선족교육』, 1989년 10월.

『중국조선족교육』, 1990년 1 · 2월(합본).

『중국조선족교육』, 1990년 7 · 8월(합본).

『중국조선족교육』, 1991년 6월.

『중국조선족교육』, 1991년 7 · 8월(합본).

『중국조선족교육』, 1991년 9월.

『중국조선족교육』, 1991년 10월.
『중국조선족교육』, 1991년 11월.
『중국조선족교육』, 1992년 4월.
『중국조선족교육』, 1992년 6월.
『중국조선족교육』, 1992년 7 · 8년(합본).
『중국조선족교육』, 1992년 10월.
『중국조선족교육』, 1992년 11월.
『중국조선족교육』, 1992년 12월.
『중국조선족교육』, 1993년 3월.
『중국조선족교육』, 1993년 4월.
『중국조선족교육』, 1993년 5월.
『중국조선족교육』, 1993년 12월.
『중국조선족교육』, 1994년 1월.
『중국조선족교육』, 1994년 5월.
『중국조선족교육』, 1994년 6월.
『중국조선족교육』, 1994년 9월.
『중국조선족교육』, 1994년 10월.
『중국조선족교육』, 1995년 1월.
『중국조선족교육』, 1995년 2월.
『중국조선족교육』, 1995년 3월.
『중국조선족교육』, 1995년 8월.
『중국조선족교육』, 1995년 9월.
『중국조선족교육』, 1996년 2월.
『중국조선족교육』, 1996년 11월.
『중국조선족교육』, 1996년 12월.
『중국조선족교육』, 1997년 2월.
『중국조선족교육』, 1997년 5월.
『중국조선족교육』, 1997년 8월.
『중국조선족교육』, 1997년 9월.

『중국조선족교육』, 1997년 10월.
『중국조선족교육』, 1998년 1월.
『중국조선족교육』, 1998년 5월.
『중국조선족교육』, 1998년 6월.
『중국조선족교육』, 1999년 1월.
『중국조선족교육』, 1999년 2월.
『중국조선족교육』, 1999년 9월.
『중국조선족교육』, 2000년 4월.
『중국조선족교육』, 2000년 10월.
『중국조선족교육』, 2001년 11월.
『중국조선족교육』, 2004년 6월.

교하시조선족중학교 50주년 책자(2002).
길림시조선족중학교 60주년 책자(2009).
류하현조선족완전중학교 교지(校誌)(2005).
배초구중학교 학교연혁 책자.
연길시제5중학교 건교 50주년 소책자.
연길시조양소학교 2007-2008학년도 제2학기 학교소개 책자.
왕청제2중학교 2005년 발간된 학교 홍보책자.
장백조선족자치현제2중학교 학교 소개 책자(2006).
장백현제2실험소학교 설립 90주년 책자(2008).
장춘시관성구조선족소학교 90주년 기념행사 책자(2012).
통화시조선족중학교 60주년 책자.
화룡시광흥중학 60주년 기념 책자.

4. 신문

"'항일 민족의 요람' 명동학교 교가 복원", 한겨레뉴스(문화, 학술), 2013년 4월 24일자.

이 책에 수록된 글들의 발표지

1. 안병삼, 「중국 흑룡강성 조선족학교 교가 연구」, 『인문과학연구』 제35집, 강원대학교 인문과학연구소, 2012.
2. 안병삼, 「중국 흑룡강성 조선족학교 교가 가사 연구」, 『인문연구』 제69호, 영남대학교 인문과학연구소, 2013.
3. 안병삼, 「중국 조선족학교의 교가교육에 관한 고찰」, 『한국동북아논총』 제18집 1호, 한국동북아학회, 2013.
4. 안병삼, 「중국 조선족학교 교가에 나타난 한민족 공동체의식」, 『민족문화논총』 제57집, 영남대학교 민족문화연구소, 2014.
5. 안병삼, 「중국 조선족학교의 '학교문화' 연구: 교표를 중심으로」, 『동아시아문화연구』 제63집, 한양대학교 동아시아문화연구소, 2015.